騎過風與星辰之路

踩向世界盡頭，朝聖路上的800公里人生旅記

安新民——著

這不是我一個人的故事；
也不是一次單純的單車遠征！
謹獻給同行的伙伴：
林基皓（亞瑟）、田浩苓、郭功明（艾瑞克）、林淑芬

目錄

contents

緣起

前幾年，在台灣知道聖雅各之路（El Camino de Santiago）的人並不多，雖然我的書架上早就有了《騎向聖雅各》[1]及《我出去一下》[2]兩本相關書籍，然而，購書的動機比較像是在收集一些新奇的旅行新地標，並沒有要認眞履行的想法。直到二〇一二年的某天，我偶然讀到報上的一篇遊記，敘述的正是行走朝聖之路的親身體驗。篇幅不長卻觸動了我的心，讓我想起書架上的那兩本書，拍拍灰塵又重讀了一遍。這回可能是機緣到了，時空也很湊巧，當我爬梳相關資料時，在YouTube上找到一部好萊塢電影《The Way》[3]的預告片，描述的正好是發生在這條路上的故事，大喜，連忙請託朋友從美國帶電影DVD給我。

法國之路（Camino francés）是衆多聖雅各之路中最熱門、最精彩的一條朝聖路。由法國南部起始，越過庇里牛斯山，進入西班牙，再由東向西，橫跨西班牙北部。全程翻山越嶺，行經各式荒野森林、名山好水、峻嶺小道，具備多樣的人文與自然景觀，並於一九九三年納入聯合國教科文組織的世界文化遺產名單內。還沒上路，心已全然嚮往了。

按官方的資料，法國之路全程大約是七七二公里，一般人大概要花上三十到四十天的時間，才能徒步走完。面對這長達八百公里的漫漫長路，我感到困惑與無力，因爲自覺沒那麼大的耐性，用雙腳一步一步走完它。幸好《The Way》這部電影裡，有一畫面可以清楚地瞧見單車朝聖者自幾位主角的身後匆匆而去，雖然只是短短數秒的片段，卻有如一閃的靈光頓時叫我豁然開朗。腦中浮現的正是台灣單車界的一句名言：「開車太快，走路太慢，只有騎單車才能留住人生的美景。」按捺不住心中那股興奮澎湃，急忙呼喚那群熱衷於單車運動的老友們。

從一本書講起

此行的伙伴除了唯一的女生淑芬，其餘皆是年逾六十的大叔，和我的年紀相若、個性相投、習性亦相仿。在生活中喜歡尋求些小冒險，常常一起做些超過年紀或身體極限的活動，彷彿擔心生命不夠精彩似的。雖然我們還沒到達電影《一路玩到掛》兩位主角那般又老又病的程度，但手中的確也握有一份bucket list（願望清單，《一路玩到掛》的英文片名），騎單車完成聖地牙哥朝聖之路（Camino de Santiago）即是其一。

---

1 《騎向聖雅各》，阿葳著，人人出版，二〇〇四年。

2 《我出去一下》，哈沛·科可林著，商周出版，二〇〇八年。

3 由馬丁·辛（Martin Sheen）主演，片商並沒有引進台灣。

這幾位大叔是怎麼湊在一起的呢？又爲何會一起踏上這段旅程？這一切都要從一本書講起。

二〇〇七年三月，我出版了《勇闖天關》[4]這本遊記，那是我到尼泊爾聖母峰基地營（Everest Base Camp，簡稱EBC）爲期十五天健行的親身經歷。想不到幾年之後，遠在太平洋的彼岸，洛杉磯爾灣市（Irvine）的一位女士，在當地的圖書館裡發現了這本書，閱畢之後竟激發起潛伏在她血液中那股登山的熱情。大學時代她就是登山社的成員，到尼泊爾走一趟EBC是她自年輕時就立下的心願。當她知道連我這等的肉腳貨色都上得了EBC，那她當然也行。這位女士立刻招兵買馬，首先找上了家住台北的亞瑟，亞瑟又另找了三位舊識，其中包括艾瑞克和浩苓。

當他們在爲EBC收集各項資訊之際，想到了、同住在大台北地區的作者——我。透過電子郵件及電話的邀約，希望向我討教。基於對讀者的售後服務，我欣然赴約。在新店烏來，找了一處山明水秀之地，我傾囊相授毫不保留。我和他們一見如故，相談甚歡，回答了所有問題之後，幾個大叔居然在首次會晤之日，就滑進溫泉池彼此坦誠相見。

詳談之後，發現他們皆非健腳之輩，爲了應付四個月後的挑戰，我便以一個先行者的身分，當下要他們趕緊訂立行前的運動計劃：每週至少一到二次的登山健行，並且必須找幾座百岳測試每個人對高海拔的適應能力。

當時我希望他們能毫髮無傷地歸來，因此除了口頭勉勵，我也陪伴他們一起集訓：每週上陽明山，走遍大小山徑，大屯山、七星山、五連峰……，直到他們飛往尼泊爾，成功登上此行海拔的最高點——五六二三公尺的卡拉帕塔（Kala Patthar）。

任務完成後，每週前往陽明山健行的習慣卻一直保留下來，也就是說自二〇一〇年五月認識他們迄今，我們幾乎每週會有一天相聚。亞瑟年紀最長，又急公好義，被公推爲隊長。除了陽明山健行，運動範圍也擴及當年盛極一時的自行車。自行車本是亞瑟及浩苓拿手的運動，只是遲至在完成EBC之後隔年夏末，他倆才開始鼓吹，並催促我加入行列。不知是我福至心靈還是老友們能言善道，沒經過太大的掙扎，我便乖乖就範。接下來他們就如籃球賽裡的緊迫盯人，押著我買車、置裝、練車一氣呵成，不容有絲毫的遲疑與鬆動（這次，換他們整我了）。在他們的督促下，我很快地就喜歡上這速度比徒步快上五、六倍不止的運動。

行前一起練車的身影，攝於台北新店烏來瀑布前。（由左至右：亞瑟、彼得、浩苓、邁克、艾瑞克）

4 《勇闖天關》，安新民，時報出版，二〇〇七年。

從此，我和自行車結下不解之緣，也爲此次的朝聖之旅奠定了基礎。當我馳騁在車友們推薦的車徑上，腦子裡所想的盡是還有哪裡可以追風？

多麼不一樣的旅程！

在這世界的各個角落，每天都有人懷著不同的理由踏上朝聖之路，在不同的心境下抵達聖地。固然有許多信仰堅定的教徒去尋求啓示和指引，但行走其上的人並非個個都有純然的宗教信仰，也有可能出於心靈、健康或其他動機：有些人希望重新發現自己；有些人希望能對生命有新的體會；有些人在現實生活中感到迷惘，想藉一趟艱苦的旅行來找回自我；當然，相信也有不少人像我一樣，視這條古道爲一般旅遊景點。

當時的我就是在尋找一個難度較高的自助旅行。在規劃行程的階段，心態上好似在準備一趟越洋的單車旅行。注意力全集中在如何克服困難、如何順利騎完全程而又能平安無損地返抵家門。回頭查看當時所列的待辦事項清單，無非都是些：單車在當地租用或是自備？尋求單車免費託運的可能性、單車路線的選擇、評估一天之內適宜的騎車距離、每天的落腳處放在哪裡比較適當，等等。從朝聖指南或部落客的遊記中知道，這條道路上存在許多名勝古蹟，但基本上我還是以「運動」、「長程騎車」爲主題來策劃，行前的準備也以鍛鍊體能爲主。

然而，進入了西班牙之後，一邊騎、一邊觀察，我逐漸感受到這條自中世紀興起的朝聖之路：

一條由教堂、修道院、古戰場、城堡、要塞所銜接而成的千年古道，其實孕育了無數璀璨的文化：英雄、騎士、精靈、奇聞軼事，在歷史與傳奇、現實與虛幻之間構築了一個特異的世界，而我正逐步地深入其中。沿途，我必須不停閱讀，才弄得清楚眼之所見、耳之所聞所帶來的衝擊。

雖然在出發前，透過朝聖指南及諸多部落格的提點，我知道會在庇里牛斯山隘口遇到史詩《羅蘭之歌》（**La Chanson de Roland**）裡的主角——騎士羅蘭；在西班牙的潘普洛納（**Pamplona**），將有機會尋訪大文豪海明威的足跡；我也知道來到拉里奧哈（**La Rioja**）境內的聖多明哥德拉卡薩達大教堂，能親眼目睹養在教堂裡那一對尊貴的雞；到了布爾戈斯（**Burgos**），西班牙民族英雄——席德（**El Cid**），經過這城市具體的形塑，在我心中將不再只是一部電影的記憶。

但是，精彩的部分萬萬不止如此，令我驚喜的是那些不期而遇的邂逅，例如：在貝洛拉多（**Belorado**）我們不小心闖進了已有九百多年歷史的博覽會（**La Feria Alfonsina**）；在萊昂（**León**）的廣場上竟出現軍容盛大的羅馬軍團；來到奧斯皮塔爾德奧爾維戈（**Hospital de Órbigo**），沒想到乾河床上正舉辦爲期兩天的「騎士比武」，重現名爲「通往榮耀之橋」的傳奇；在森林茂密、霧氣瀰漫的加利西亞（**Galicia**）一處偏鄉民宿裡，男主人特地表演了既詭異又有趣的歡迎儀式，最後才知道這是一項古老而神祕的凱爾特驅邪儀式，我不免吃了一驚，心想這明亮奔放的西班牙怎麼會和巫婆、精靈扯在一起？親身經歷這麼一趟，最大的收穫是反轉了原先我對「中世紀」的認知，它不再是「黑暗時代」，而是個色彩繽紛的異想世界。

我不免好奇想問：爲何我的旅程如此與衆不同又驚喜連連？同時我也不明白，爲何沒有一本朝聖指南或部落格提過這些慶典活動？經再三推敲，這些都不似偶發性的即興之作，反倒像每年定期舉辦的活動。難道每一樁奇遇單純只是歪打正著？我寧可相信是因爲我們的移動節奏，剛好吻合這條道路某些歡樂節慶舉行的旋律。

我合理地推斷，這條朝聖之路在教會與政府兩方都鼓勵的狀況下，已發展成一種結合宗教與觀光的產業；沿途的各個市鎮無不試圖找出自己的風土特色、歷史淵源，來弘揚自身與宗教、聖人、神跡的連結，以吸引信徒及觀光客的青睞。我還相信，我所遇到的可能只是鳳毛麟角，應該還有更多。

旅程結束後，某次在瀏覽旅途中所拍攝的照片時，一張照片點醒了我。照片上是一根豎立在路旁指引前往「聖地牙哥德孔波斯特拉」（Santiago de Compostela）方向的路牌——每天都會經過眼前好幾次、再平凡不過的路牌，只是我從沒認眞打量在其上的幾行西班牙字「Camino de Santiago / Itinerario Cultural Europeo / Consejo de Europa」。我盯著它看，瞬間明白，原來這路牌一直在提醒過客，這條千年古道不單是聯合國教科文組織所訂定的世界文化遺產，同時也是歐洲理事會（Council of Europe）欽定的歐洲文化旅程（European cultural itinerary）。踏上這條朝聖之路就如同經驗一趟文化之旅。

自西班牙回國後，從心生寫下這段旅程的想法到全文寫作結束，居然跨越了四年之久。在這當中，聖雅各之路在台灣的知名度業已打開，不論在「背包客棧」或是各大旅遊論壇裡的討論聲浪也逐漸高漲。去的人多了，書寫部落格、旅遊書、回憶錄的人也多了，但內容都少了這麼一味，我覺得應該把自己的經驗，與更多有心、準備要去的旅人分享，揭示朝聖路上的另一個面貌。

或許，大部分的人都寄望在朝聖的道路上能夠有不可言喻的奇遇、獲得某些明顯的啓示和指引。但是，當你在苦惱爲何上帝一直沒與你對話、所期盼的靈性體悟遲遲沒有發生？也許你的人生困境依舊沒有答案，或者當你的肉體因各種傷痛而舉步維艱、你的心靈已無法再承受孤獨的徒步旅行而準備豎起白旗之際，這時何不放下疲憊焦慮的身心，去尋找朝聖路上另一種不同的風景呢？

01 啟程，西班牙

Spain

日期 ● 2014/05/24
天氣 ● 大晴天
目的地 ● 飛抵巴塞隆納

伴隨著機輪尖銳的觸地聲，我們順利地降落在巴塞隆納國際機場。A380 龐大的機體一點都不笨拙，精準平穩地停妥在停機坪上。我們一行五人隨著人流魚貫走進入境大廳，依序辦理證照檢驗及提領行李。看似順暢，然而每個人的心其實一直掛在半空中：此行最重要的裝備——四輛隨機託運的單車，是不是也和我們一樣如期且完好無缺地抵達巴塞隆納？[1]

當每個人都拿到自己的行李時，行李輪送盤上已所剩無幾，然而我們期盼的單車卻一輛都沒浮現，我們的心情開始起了變化，除了有股隱忍不住的浮躁之外，還有些不知所措。萬一眞的弄丟或延誤，此行幾乎就 **game over** 了。幸好，在我正準備走向失物招領櫃台時，浩苓在大廳底邊的牆角找到了我們裝單車的大紙箱。四個紙箱整齊地排靠在一起。原來，阿聯酋航空將特殊的託運物件，由最外側的轉盤輸送出來。阿彌陀佛，一個都沒少，紙箱外觀完好，看不出有任何破損。

抵達後的小意外

懷著失而復得的心情，將行李和車箱推往出境大廳，亞瑟很快地在迎賓的人群中找到事先預約好的車行人員。來接我們的是一對夫妻，先生負責開車，他是位土生土長的西班牙人，只會說西班牙語，太太坦妮雅是來自俄羅斯的移民，西語、英語皆流利，充當兩邊的翻譯。原先說好的條件是將五人及四輛單車自機場送到旅館，隔天一早再將四人及四輛單車，從旅館送到「法國之路」的起點——聖讓皮耶德波爾（Saint Jean Pied de Port）。

到了停車場，等待我們的是一輛七人座休旅車，上車之前司機夫妻得先把四個單車紙箱抬上後車廂，但不管橫放、豎直或斜靠，空間就是少了那麼一丁點，導致車廂後門合不上。只見司機先生忙得滿頭大汗，一直擺不平。

1 爲了免去單車託運繁瑣的過程，艾瑞克並沒有把單車空運到西班牙。他請在維多利亞的友人幫他買輛新車，隔天便獨自搭火車探望朋友，順便取車。

最後，坦妮雅面帶爲難地表示，只有讓最後排的一個座椅躺下，才能挪出空間將四輛車同時擺放進去，但這樣就要犧牲一個座位，問題是：誰要被挪出去？若按事前的約定，選用適當的車輛是車行的責任，是否該由不會開車的坦妮雅讓位？或者要請不懂英文的司機下車？你看我、我看你，氣氛有點尷尬。就在這當下艾瑞克挺身而出，他說他沒單車，不需要押車，而且自己搭機場巴士去旅館也很方便，反正他需要先跑一趟火車站，購買明日前去維多利亞（Vitoria）的車票。在這節骨眼上，或許這是個兩全其美的解決之道。自助旅行最特別的地方就是：你從來無法預知意外會從哪裡冒出來！

我不可置信地看著艾瑞克，感謝他的反應靈敏和願意犧牲小我。原本杵在那不知所措的衆人又開始活躍起來，三兩下就把車箱安置妥當。車門關上，車啓動，大家向逐漸倒退的艾瑞克揮手說再見。我回頭再看看車內的亞瑟、浩苓及淑芬，連我一共五員，四男一女，千里迢迢飛到西班牙，爲的就是三天之後的挑戰——八百公里的單車朝聖之旅。

四個單車箱終於可以裝上車了。（攝於巴塞隆納機場停車場，淑芬提供）

在西班牙的第一天

今晚投宿的旅館位在巴塞隆納火車站附近，自機場開車過去需要三十分鐘左右。雖不是熱鬧的舊城區但交通方便，艾瑞克搭乘的機場巴士會停靠在附近不遠的西班牙廣場（Plaça d'Espanya），買好車票後步行過去亦不遠。抵達旅館後，亞瑟立刻與坦妮雅商討明日的行程，我一面辦理入住手續，一面和浩苓、淑芬把單車卸下，送進旅館預先準備好的存放地點。

不久，艾瑞克也趕到，才見到我們就高興得哇哇大叫，說：「我已經搞清楚這附近哪裡有中國餐廳！」看著他既得意又興奮的表情，我不得不給艾瑞克一個「城市求生專家」的封號，這跟他早年作生意，提一只公事包跑天下的生活歷練有關。他年輕時，常常飛機一落地就要在最短時間內掌握一個城市的脈動，才能安排好訪問客戶的行程、何時可以抽空吃頓飯等，無形之中練就了一身在陌生地辨別方向、求生存的功夫。

艾瑞克光是從西班牙廣場走到火車站、再回到旅館來，在這短短二公里的距離中，他用敏銳的觀察力記下哪裡有賣水果的雜貨店、明早可以在哪吃早餐、轉角有家中國餐廳，他也看出西班牙廣場附近值得一逛，說不定待會他就可以當導遊帶我們去觀光呢！

即將進入六月的初夏，白晝逐漸增長，天黑之前，我們還有四、五個小時可以就近走走。閒逛之餘，我注意到不論是路標或地名的指示牌都以雙語標示，這提醒了我，西班牙正式的官方語言固然是西班牙語（又稱卡斯提亞語，Castellano），但在西班牙北部幾個民族意識強悍、分離主義盛

噴水池後面雄偉的建築是加泰隆尼亞國家藝術博物館。

行的地區，各自又有「官方語言」，例如，加泰隆尼亞語（Catalán）、巴斯克語（Euskara）及加利西亞語（Galego）。

此刻我們所在的巴塞隆納屬於加泰隆尼亞地區，通行的自然是加泰隆尼亞語。[2]有趣的是，今後我們將一路西行，在到達終點之前，會依序穿過上述所有的語言帶，我心中暗自叫苦，懷疑自己臨時抱佛腳學了幾個月的西班牙語，在這次旅行中究竟管不管用啊？

這一晚，圖方便，五個人就在西班牙廣場旁的飲食街裡吃晚餐。儘管這裡充斥著年輕族群，一切只講求簡速與方便，並沒有什麼特別之處，但對第一次來西班牙的亞瑟、浩苓和艾瑞克來說，[3]能在第一餐就嘗到夾伊比利火腿的三明治、海鮮飯和墨魚飯，也算盡興了。

2 兩者雖有差異，但比對之下，有時還是可以望文生義，以西班牙廣場周圍的幾個地標爲例：西班牙廣場的加泰隆尼亞文爲 Plaça d'Espanya，而卡斯提亞文則爲 Plaza de España。加泰羅尼亞國家藝術博物館的加泰隆尼亞文爲 Museu Nacional d'Art de Catalunya，卡斯提亞文則爲 Museo Nacional de Arte de Cataluña。

3 雖然艾瑞克三十年前曾來過巴塞隆納，但年代久遠、記憶模糊，也算是第一次啦！

02

Spain

車行庇里牛斯山

日期● 2014/05/25
天氣● 晴
目的地● 初抵聖讓皮耶德波爾

昨天亞瑟就與坦妮雅敲好今早出發的時間。八點一到，坦妮雅果然準時出現在旅館大廳。從巴塞隆納到聖讓皮耶德波爾距離約五百公里，行車時間大概五個半小時，若一切順利，下午兩點左右就可抵達法國之路的起點：聖讓皮耶德波爾。

登上車的依舊是我們四人，艾瑞克先一步去了火車站，前去維多利亞探望朋友，順便取車，三天後再與我們在潘普洛納會合。

另類的伙伴帶來樂趣——艾瑞克

在這次海外單車旅行中，除了艾瑞克之外其餘四人都用原本在台灣使用的單車。艾瑞克不想花太多精神在處理單車裝箱、空運、陸運等瑣碎之事，寧可花錢在西班牙買新車。雖然我們一再告訴他，各個環節大家都可以分工合作，不需要過度操心，但他依然十分堅持。其實叫我暗自驚訝的是，即使在如此遙遠的伊比利半島，他都能找到願意接受託付的朋友，令人刮目相看。這使我想起過去多次和他出遊的經驗，常得利於他交遊廣闊的優勢，使得整個旅程更為有趣、豐富。

記得那年在台灣花東海岸騎車，當我們到了墾丁，只看艾瑞克一時興起，拿起手機撥打幾通電話，透過當地朋友的推薦，我們夜裡去見了一位「達人」，結果坐上吉普車，靠著微弱的星光在大草原上奔馳，到處追尋梅花鹿群的行蹤。那些躲在草叢堆裡、隱在樹林暗處閃爍不停的點點螢光是群鹿的眼睛；熄掉引擎，屏息凝視，彷彿銀河繁星般叫人難忘。

當時也不知道合不合法，只覺得這樣的「墾丁夜遊」簡直酷斃了；在新疆，看喀斯納湖、騎蒙古馬、看大草原、看丹霞地貌、看沙漠鬼城都是計劃中的事，但走進邊境少數民族的家中作客，接受當地人熱情的款待，可就稀罕了，這也是靠著艾瑞克廣大的人脈所張羅而來。艾瑞克在商場上馳騁多年，他精明能幹、交遊廣闊，退休前是位成功的跨國企業家。

別看艾瑞克現在已過耳順之年又有個童山濯濯的頭頂，大學時代他可是個氣質青年：花格子襯衫、牛仔褲，背著一把吉它，一頭濃密的黑髮，是個民歌西餐廳裡的駐唱歌手，還曾組過Band。儘管那段年少輕狂的日子早已遠去，但喜愛西洋老歌的興趣一直沒變，一有機會就拿起吉它練練指法、吊吊嗓子，不但自娛還樂於分享，身邊總有一群隨著節拍搖頭晃腦、跟著鬼叫嘶吼的知音，為大家平淡的生活添加一些生氣。

翻越庇里牛斯山，到達法國之路的起點

開上A2高速公路就逐漸遠離人口稠密的都會區，轉入A22公路後視野更加開闊。車內出奇的安靜，除了副駕駛座的坦妮雅偶爾和她的司機先生低聲討論行駛路線之外，幾乎聽不到其他聲音。大家不約而同地凝視著窗外的風景，帶著新奇又急切的心情，想盡快認識這個陌生的國度。

接上N240公路後，車行速度逐漸變慢，已經脫離平原進入高低起伏的丘陵地帶。此時我發現天氣也起了變化。出發時豔陽高照，進入山區後天色就陰沉許多。不多久，山路變得崎嶇陡峭，詭異的是，沿途提醒駕駛人注意安全的指示牌變多也變得密集。公路編號一再轉換，地勢愈來愈高，山嶺與山嶺之間的間距則愈變愈小。山高水深，一連串貫穿山腰的隧道成了唯一的通道，我相信我們已經深入庇里牛斯山脈的群山當中了。

山勢陡峭，石壁上的瀑布有如一匹垂直披掛的白絹，自山巔直抵山谷底。才出隧道，竟遭暴雨灌頂，可是入隧道之前明明還見得到太陽呀！緊接著又再過一個隧道，暴雨不再，陽光乍現，只剩下絲絲細雨，以爲天氣從此轉好，那知下個隧道之後又是大雨傾盆。如此，反覆再三，每隔個山嶺就變換個天氣，坐在車內的我們驚訝得無以名狀，終於體會到庇里牛斯山區的天氣竟是如此捉摸不定，也印證了許多部落格上的留言：「The weather over there is totally unpredictable.」

車行匆匆，當我瞄到N135的公路編號時先是心頭一震，隨後大喜，連忙招呼伙伴來幫我確認，因爲我們不但認識N135，甚至還一再地研究過它。出發後的第一個挑戰就是要騎這條路

公路 N-135 旁的路牌告訴我們，到龍塞斯瓦耶斯還有四公里。（淑芬提供）

翻越庇里牛斯山，只是完全沒料到坦妮雅也選擇了這個隘口進入法國。也因此讓我們有機會就近觀察這條山路，只見亞瑟連忙掏出小筆記本抄寫沿途路牌上地名與地名之間的公里數，浩苓則觀察及判斷上下坡之間可能的高低差。不久看到了布爾格特（Burguete）的鎮名招牌，接著經過龍塞斯瓦耶斯（Roncesvalles），當這一連串熟悉的地名出現眼前，我猜想：聖讓皮耶德波爾應該就快到了。果不其然，當我看到N135和D933兩個路牌靠在一起，一向後指（N135，西班牙），另一向前指（D933，法國），我知道我們剛剛越過了西法兩國國界。

進了小鎮，很快地就找到我們投宿的旅館，地面上溼漉漉的，空氣潮溼而清冽，和巴塞隆納相比海拔變高不少，氣溫顯著下降許多。我去找主人辦理入住，浩苓及淑芬幫忙司機先生卸下行李和單車，亞瑟則與坦妮雅一再確認三個禮拜後返回巴塞隆納機場的接送日期與時間。

安心第一，無微不至的田媽

午餐後的當務之急就是單車的拆箱與組裝。外頭下著毛毛雨，旅館主人允許我們在餐廳空地上組裝車子。浩苓是我們當中最懂車體結構的人，在這次旅行中他肩負起「隨隊機械師」的角色，行前單車的保養、修護、裝箱，都是透過他去尋找有經驗的車行辦理。第一個拆箱正是我的單車，我充當他的助手，看著他熟練地裝上龍頭把手、前輪，仔細檢查及調校每一個環節，直到他滿意才再去拆下一個紙箱。幫大家組裝這四輛車，好似是他份內的工作。

浩苓，老成持重再加上一頭灰髮，乍看之下，很難猜到他是個職業軍人。他的軍旅生涯有很長的一段時間是在中科院，作了一輩子的研發工作，氣質上反倒像個文謅謅的公務員。上校當了十幾年，至今依然喜歡人家稱他一聲「Colonel Tien」。退伍之後，浩苓成了家庭煮夫，他常自嘲除了生孩子之外，什麼都會，更是常把「吹打彈拉唱，土木油漆匠，炒菜做西裝，樣樣我在行」掛在嘴邊。這段聽起來滑稽的繞口令卻一點都不假，在這次旅途上伙伴們經常受惠於他的手藝。

我很少遇到一個人的個性如此符合星相書上的分析，浩苓恰巧就是個例子。巨蟹座的他心思縝密，慢熟、念舊、顧家、情緒起伏大。喜歡喝上二杯，有趣的是，他幾杯下肚之後就開始說英文，最經典的傑作是在一場夜飲中，他帶著幾

拆箱及組裝單車是抵達聖讓皮耶德波爾後的首要之事，照片中為浩苓和我。（淑芬提供）

分酒意對著在座好友們愼重地宣布：「I have a dream!」停頓，「I have a dream!」再停頓（酒喝多了點，會晃），「I have a dream, when I am sixty I want to back to Nepal for climbing the Island Peak.」他喃喃不停地說著，要這幫兄弟在他滿六十歲那年助他完成攀上尼泊爾的島峰（Island Peak）的心願。攀爬島峰，無疑是EBC壯舉的延伸，不單要長途跋涉，而且登頂之前還須攀爬一面三百公尺高、幾近八十五度仰角的雪牆。最後，果然只剩我願意兩肋插刀，於是標高六一八九公尺的島峰，就這樣出現在我和浩苓的bucket list裡。

很難看出在他柔軟的個性中還包裹著一顆不輕易示人、堅毅果敢的決心。在登頂之後，大家都筋疲力竭，他拖著命回到營地，我看著他跌跪在營帳前痛哭失聲，當下才明白這趟登頂之舉對他是何等磨難、信守自我的承諾具何等意義。我很高興陪他走了這一趟。但相信他從此不再輕言「I have a dream!」。再說的話，恐怕連我也會逃之夭夭！

巨蟹座的浩苓尤其顧家，呵護家人。一群朋友出遊，他通常走在隊伍的最後，爲了提防有人迷路、受傷或走不動，他照顧弱小就像照顧自己家小一般地自然，所以我常私底下叫他「田媽」。提到「迷路」，就不能不提他另一個長處：認路。過去，只要大家在十字路口前猶豫不決時，就會等候浩苓的判斷，而他也鮮少出錯。起初我不明白他這項特長如何得來，直到這趟旅行才恍然大悟，原來他事前都會下足工夫仔細研究路線，並深記於腦中。即使這次我們手上已有各種指南，浩苓亦如往昔，利用Google Earth，記下每一段路程、每一家投宿旅館的位置，以及每一條入城、出城的街名，此等用心如同給大家吃下了一顆定心丸，不用擔心會迷路。

女中豪傑——旅途上的好幫手

接著要組裝的第二輛車，車主是淑芬。她是隊上唯一的女生，是位資深護理師，懂得享受也善於安排生活。因爲一個人在台北生活，個性獨立，連換燈泡、通馬桶，甚至搬家都可以自己完成。淑芬喜歡旅行與冒險，常和我一起上山下海，前往島峰的那一次，她也陪我和浩苓走了一趟尼泊爾聖母峰基地營。

在我眼裡，她是一起旅行的好伙伴，也是旅行的好幫手。爲了加入這趟西班牙朝聖路的單車之旅，她才開始接觸腳踏車，起先只是租個車騎騎淡水河濱車道，續而買車及全套裝備。騎程亦由先前的淡水漁人碼頭，繼而騎烏來、觀音山、福山村、北宜海倫咖啡，最後騎上了武嶺，這一連串的成績令亞瑟、浩苓等人刮目相看，皆稱讚她是不讓鬚眉的女中豪傑。當她開口要加入這趟旅行時，大叔們毫不猶豫一致同意。

認識她之前，她的旅行經驗已經相當豐富，一談起旅行就眉飛色舞、滔滔不絕；最得意的就是幾乎走遍了地中海周邊的國家。我和她對旅行的看法及作爲相當契合。當浩苓研究路線、亞瑟收集地圖時，淑芬和我則會依循朝聖的路線，在網路上、書本裡爬文翻找，收集沿途知名的景點等，甚至是傳說故事及各地值得一試的美食和餐廳。

旅行這件事，她一向積極、認眞，眼前的這件事就足可證明：當淑芬的單車組好之後，她立刻把車推出去試騎。雖然我也如此，但由於當時下著小雨，我僅僅在民宿周邊繞個兩圈，確定煞車及車況沒什麼問題就趕緊回去了。淑芬卻不然，她這一出去幾乎繞了小鎮一圈，不僅察看了計劃中要參觀的幾個景點方位，也順帶確定了事先圈選好今晚晚餐的餐廳位置。旅行時，她就像一隻辛勤的蜜蜂，這邊飛、那邊看，不放過途中任何一朵綻放的花朵，飛回蜂巢時必然攜回滿滿的收穫。

突來的晴天霹靂

驚喜和意外本就是自助旅行不請自來的兩位常客，只是不知何時會蹦跳出來。浩苓在組裝自己的單車時，發現前輪的輪圈扭曲變形，旋轉時輪圈會搖晃且磨擦到前車叉，推測應該是在空運的過程中遭受到重擊所致。眞是晴天霹靂，令人措手不及！伙伴們無不臉色凝重，不知道這個小城哪裡可以找到修車店。望著屋外逐漸陰暗的天色，心想，接下來能作的就是好好享受這家精緻舒適的法式民宿，晚一點再去吃頓法式料理。剩下的，明天再說吧！

03

Spain

法國之路的起點

日期 2014/05/26
天氣 陰雨
目的地 留在聖讓皮耶德波爾的一天

上帝似乎聽到我們的心聲。清早醒來屋外雖然還下著毛毛細雨，但早餐過後雨勢便逐漸收斂，不待雨停我們就迫不及待想出去，參觀身爲法國之路起點的聖讓皮耶德波爾。然而我們最掛心的還是浩苓那扭曲變形的輪圈，所以大家火速擬定今日活動的先後次序：先到遊客中心詢問什麼地方可以修車或買到輪圈；其次，到朝聖協會辦公室中辦朝聖者護照（Credencial del Peregrino），最後才輪到參觀這座山城。

旅館就在老城的主街上，距離遊客中心沒幾步路，我們向服務人員索取城市地圖同時，也確認此間的確有家腳踏車修理店。擔心自己的耳朵對法式腔調的英語聽得不太精確，還要求服務人員在市圖上標示出修車店的位置，沒想到車店座落在市郊，超出市圖的範圍，但至少有了具體的方向，心中大石暫可放下。

按圖索驥找到朝聖者辦公室。進門之前，我一邊思索、一邊默默地練習可能用到的幾句法語：

「Nous avons besoin de quatre carnets de Pélerin.」（我們需要四本護照）

「Comment est la météo de demain?」（明天天氣如何？）

畢竟我是唯一學過幾天法語的人，汗顏。

沒料到我們才入座，隔著桌子，還沒看清對面服務人員的長相之前，就聽到一口流利的美式英語「Hello, how are you? Where are you from?」原來服務我們的人是位來自美國密蘇里州的先生，頭髮花白的他每年在進入朝聖旺季之前，就會來這裡擔任幾個月的義工。他說他很喜歡這份工作，每天都可以遇到來自世界各地的朝聖者。可不是？

我環視一下這空間不大的服務處，不同國籍的人操著不同的語言，南腔北調交談著，就像國際機場服務櫃台前的景象。

語言壓力一解除，彼此不但應對流利，話語也變得輕鬆幽默，談笑風生之餘，我們爲不在現場的艾瑞克也辦了本護照，而且還沒眞正踏出朝聖路之前，每個人就得到了第一枚戳章（sello）。

除了庇護所名單及一般資訊之外，這位老先生知

我們三人自義工手上取得朝聖護照時得意的模樣。（淑芬提供）

道我們採取騎車的方式朝聖，還特地提供一份專爲單車騎士設計的圖表，指示如何出城、如何騎上D933公路，以及一路到龍塞斯瓦耶斯的高度表。

從第一枚戳章說起

捧起這枚油墨未乾的戳章，心想，這裡是法國之路的起點，又是聖地牙哥協會官方的辦公室，既是第一站也是我的第一枚，對此行的意義自是不凡。然而，複雜精緻的圖案引起我的好奇心，圖案裡似乎暗藏著許多密碼正向我招手，忍不住多看兩眼。左上角有座城堡，沒錯，這城市的確有座中世紀的堡壘，以王冠的形式呈現，可能表示其身世不凡；右上角有像山的線條，我認爲指的就是庇里牛斯山脈；右邊有個手持木杖的朝聖者，不言而喻，代表提供這枚圖章的機構與朝聖這項活動有著密不可分的關係；左邊是個盾牌，盾牌左下角的圖案，我認得，正是這座城市的旗幟。我就像《達文西密碼》裡的羅柏·蘭登教授一般，推敲著設計者的用心，試著解析各個符號所蘊藏的密碼。想想自己的解釋，似乎無懈可擊。

我的第一枚戳章，
其中蘊藏著許多有趣的密碼。

今後，在朝聖的路途上所遇到的庇護所、教

堂或修道院，它們爲朝聖者護照所提供的戳章，我相信都將會像這枚一樣，用獨具一格的圖案設計來表現自己的身分，彰顯自身的個性與特質。沿路收集各站的戳章將會是一件賞心悅目、有趣的活動。

老城區和城堡

攤開市圖，發現這個被城牆圍繞的中世紀古城，所有值得參觀的古蹟名勝幾乎都可以從朝聖者辦公室所在的城堡路（Rue de la Citadelle）輕鬆到達，其中包括了教堂、廣場、老橋、幾個非去不可的城門，以及那座高踞山頭的城堡。

走出辦公室，街上已經湧現不少朝聖者，有幾位推著單車，但大都是徒步者。三五成群，背著大背包，他們手持現代版的登山杖，一步一擊地敲在圓石鋪成的路面發出叩叩的迴響聲，就如同中世紀朝聖者所持的牧羊人木杖一般。有好些朝聖者不知從何而來，一臉的風霜，從風塵僕僕的背包和鞋襪看來，似乎已經長途跋涉了好些時日，但終點還遠在八百公里之外。看他們一步一步邁著堅毅的步伐，再看看全新的自己，就像剛入伍的新兵見到身經百戰的老兵，不禁對他們投注欽佩與崇敬的眼光。

小城居民主要的生計似乎全仰仗朝聖，到處充斥著以朝聖客爲銷售對象的商店、餐廳及庇護所。街道兩旁的店家也以販售各式朝聖途中可能用到的器材和配件居多；紀念品店裡則都是和朝聖

一大清早，許多徒步朝聖者已經出發了。

相關的飾品、地圖、指南、可當護身符的聖人或聖母瑪利亞的聖像吊飾，還有象徵朝聖者身分的木杖，以及繪有「紅色聖地牙哥十字」的白色大扇貝。我們各自挑了一只扇貝吊掛在背包上，畢竟明天我們就是貨眞價實的朝聖者了！

城堡路一端的盡頭就是聖雅各城門（Porte St. Jacques），這條路本身正是法國之路的一部分，通常從北邊過來的徒步者會先穿過聖雅各門進城，再由西班牙城門（Porte D'Espagne）出城。順著聖雅各城門旁邊的石階可以直登城堡。剛經過春雨滋潤的石板路面有點溼滑，草地樹葉卻極爲青綠可喜，岩壁上幾叢帶著水珠的野花楚楚可人，空氣無比清新。站在城堡的高點遠眺，視野極佳，城市盡入眼底，雖然烏雲低垂但四周環繞的山嶺依然清晰。

當大家沉醉在美麗的田野風光之際，浩苓靠了過來，指著兩山間凹下的隘口對大家說：「我判斷明天就是要從那裡穿越庇里牛斯山的。」當我還半信半疑時，隊長亞瑟突然豪邁地下達了第一道命令：「下午天氣會變得更好，我們應該騎車出去，一方面暖身，一方面還可多看一些法國的鄉野！」

幸好在單車維修技師的診斷下，浩苓變形的輪圈只需用輻條扳手調校一番即可，而且只收九歐元的工錢，眞是喜出望外。再度跨上單車，相信浩苓的心情就像此刻的天氣一樣——雨過天青、豁然開朗。

出外騎車眞是個好主意。以舊城爲核心，繞城鎭一周。騎出城，騎上山丘，騎過蜿蜒曲折的鄉村小徑，騎進綠油油的鄉間，穿過樹林，穿過牧場，騎過豬圈牛舍，騎入羊群散布的田野，田園風景如畫，讓人有如置身在阿爾卑斯山的群山之中。

爲什麼 St. Jean 是法國之路的起點？

傍晚華燈初上，遊人如織，小鎭突然間熱鬧了起來，身穿登山夾克的紅男綠女流連在各個咖啡吧、酒吧或餐廳門口研究當晚的菜單。經歷了一整個下午的騎乘，我們決定找一家出色的餐廳犒賞自己。

用過晚餐，大伙一路聊天散步走回住處。途中，亞瑟問我：「邁克，爲什麼 St. Jean 這城市會變成法國之路的起點？」嗯，好問題，我知道法國之路的名稱是由何而來[1]，卻從未探究過 St.

Jean 爲什麼會成爲法國之路的起點。亞瑟一向是個喜愛發問的「好奇寶寶」，但一時之間我沒有答案。

我把這個問題帶回旅館，向無所不知的「孤狗大神」請教，推斷應該與這城市的地理位置有關：自中世紀起，從法國境內四條路線進來的朝聖者，最終都要面臨庇里牛斯山脈橫阻在前的挑戰。庇里牛斯山脈位於歐洲西南部，山脈東起地中海，西止於大西洋，分隔歐洲大陸與伊比利半島，也是法國與西班牙的天然國界。此山脈長四九一公里，寬八〇至一四〇公里，三千公尺以上的山峰比比皆是。

從 google earth 上看，庇里牛斯山脈峰巒覆蓋著皚皚白雪，綿亙近五百公里，對長途跋涉而來的朝聖者而言，要翻過這樣的山脈自然是個艱鉅的挑戰，於是找一個地勢較低、容易越過的「隘口」，就成了朝聖者最佳的選擇。法國之路的四條源頭路線中，除了自 Arles 出發的 Chemin d'Arles 取道亞拉崗（所以 Chemin d'Arles 進入西班牙後也就改叫 Camino Aragonés），經由 Somport Pass 進入西班牙，而其餘三條皆是先在 St. Jean 匯集，再從 St. Jean 翻越庇里牛斯山進入西班牙的龍塞斯瓦耶斯。

遠山中間凹陷之處，會不會就是明天翻越庇里牛斯山脈的隘口？

法文的St. Jean Pied de Port若翻譯成英文，照字面的意思是St. John at the foot of the mountain pass，中文則是「隘口腳下的聖約翰」。保有這樣的地理優勢，聖約翰自中世紀起，就一直是西歐朝聖者翻越庇里牛斯山脈之前重要的補給站。自法國四面八方湧入聖約翰的朝聖者在此集結、整補、調息、護理、

再出發，世人自然而然地就把聖約翰當作是法國之路的起點了。在查閱的過程中，突然腦袋靈光一閃，此刻我人在聖讓皮耶德波爾，而St. Jean（聖約翰，也是耶穌的十二門徒之一）不正是聖雅各的親兄弟嗎？好有趣！

我很高興能組織出這樣的結論，喜孜孜地打算起身告訴同房的浩苓，這才發現他的床頭燈是暗的，他早就蒙頭大睡。是的，夜深了，明天還有場硬仗等著我們，我也該睡了。

1 從西歐各地，或者從更遠、更北的地方前往朝聖地的人，大都自法國進入西班牙，傳統上，從法國境內出發的朝聖路線共有四條，分別是：1.自巴黎出發的Chemin de Paris（Chemin，法語，道路的意思，和西班牙語的camino同義），2.自Vézelay出發的Chemin de Vézelay，3.自Le Puy出發的Chemin de Le Puy，4.自Arles出發的Chemin d'Arles。前三條在聖讓皮耶德波爾會合，第四條則在越過庇里牛斯山脈之後，在西班牙境內的皇后橋（Puente La Reina）匯集爲一。從此，就一路向西，直到終點。因此，追溯這條路的源頭就不難理解爲什麼這條路會被稱作「法國之路」了。

Spain

04 羅蘭與查理大帝

日期 2014/05/27
天氣 晴
目的地 埃烏希
路徑 聖讓皮耶德波爾（Saint Jean Pied de Port）→龍塞斯瓦耶斯（Roncesvalles）→布爾格特（Burguete）→埃烏希（Eugi）
距離 60公里

老天爺眷顧，賞了我們一個大晴天。在隊長亞瑟的帶領下，四騎輕巧地在巷弄間穿梭。寧靜的早晨，聖讓皮耶德波爾尚未完全甦醒，只有少許低頭趕路的行人，四輛車八支巧克力輪胎（越野用輪胎）摩擦在石板路，發出陣陣的呼嚕聲。四騎，像拂曉出擊的戰士，正展開偉大的遠征。

踏上征途的第一天

憑藉昨天的印象，毫不費力地接上D933公路。清晨的涼風讓人精神抖擻，不久就要面對翻越庇里牛斯山的挑戰。刻意將車速維持在巡航的速度，不疾不徐地踩著踏板。出航的心情是雀躍的，尤其當「藍底黃色的扇貝標誌」第一次出現在眼前時，這幾個老騎士竟興奮得又叫又跳。經過那麼長時間的準備和訓練，現在，終於朝著聖殿的方向前進，一切如此眞實確切。

過了阿爾內古意（Arnéguy），不久就看到兩國邊界的指示牌，法國境內的D933公路在越過邊界之後，編號轉換成西班牙的N135。我心裡輕聲地說：「再會吧，法國！」接著提醒自己，對著迎面而來的人打招呼，可記得要將「Bonjour」改口為「Hola」了。

隨著柏油路的蜿蜒起伏，緩緩上升，兩邊的林木茂密，路旁溪水潺潺，讓我感覺有如騎在陽明山的林蔭之中，十分舒爽。我們在小村瓦卡洛斯（Valcarlos）小憩，因爲從此緩坡就要變成陡坡，而且是連續十四公里不間斷的陡坡，一直要到最高點的伊班聶塔隘口（Puerto de Ibañeta）為止。

我站在公路旁的一處平台，極目搜尋，試圖辨識出隱藏在對面山嶺崎嶇脊背上的一條步道。要越過隘口到龍塞斯瓦耶斯其實有兩條路徑：一爲拿破崙路（Via Napoléon），另一條就是我們腳下所站立的瓦卡洛斯路（Via Valcarlos）。兩者的長度相差不多，「高低差」卻高達四百公尺。兩條路的高度、難度有別，地理景觀也不同，倒有個共通之處——都以歷史人物命名。

我找尋的正是難度較高的拿破崙路，它可能是朝聖路上最長、最陡的爬升坡段，但也因爲稜線上開闊的視野，使得這條步道成爲風景最壯觀、最美麗的路段。全長二五．一公里，最高點位在二〇．九公里處的里波埃德隘口（Col de Lepoeder，一四五〇公尺，而聖讓皮耶德波爾的海拔僅爲一七〇公尺）。儘管如此，只要天候及體能允許的狀況下，大部分的徒步者都會選擇這一條路。這是朝聖的第一個試煉，有誰會規避呢？若騎單車翻越此隘口，似乎就有些暴虎馮河之嫌了。而取名「拿破崙路」，咸信是因爲當年拿破崙的部隊在半島戰爭（一八〇七至一八一四年）中，選擇這條路進出西班牙之故。

騎上瓦卡洛斯路

鋪了柏油的N135公路就是昔日的瓦卡洛斯路，是以我現在所停駐的村子爲名。全長二十四公里，最高點位在二二・五公里處的伊班聶塔（一〇五七公尺）。若問瓦卡洛斯路是與哪個歷史人物有關？那就得先來個「說文解字」：Valcarlos = Val + Carlos，西文裡的Carlos也就是英文或法文裡的Charles，於是Valcarlos = Charles Valley。如此一來就不難理解這條路和神聖羅馬帝國的查理大帝有所關連了。[1]瓦卡洛斯路可能是庇里牛斯山脈所有山道中，最富傳奇性的一條。法國英雄史詩《羅蘭之歌》[2]故事發生的所在地，就在這條險峻的山徑上。

過了瓦卡洛斯村之後，坡度更爲陡峭，但也不算太過分。我們四人爬坡的速度不同，漸漸地就看不到彼此。一起騎車久了培養出一個默契：上長坡，切忌操之過急，不催不趕，各自用自己勝任的速度上去。

---

1 法文裡的Charlemagne即是「查理曼」或稱作「查理大帝」。中文流行的譯名「查理曼大帝」是法文的錯譯，因為法文查理曼的「曼」字本身已含有「大帝」的意思。

2 法國十一世紀的史詩。描述查理大帝與巴斯克人戰爭的一段史實。

途中屢屢看見路旁有朝聖步道的匯入口，步道與馬路交會的地方總有個象徵聖雅各的扇貝標誌，指引徒步的朝聖者正確的方向。按捺不住好奇心，索性將單車擱在馬路旁，我隻身走進了一條步道。

步道不寬，是泥土路，經過千百人次的踩踏，地表相當堅實。然而步道蜿蜒於樹林之中，沒料到林內是如此濃密幽閉，這時才明白爲什麼古時候的朝聖者只要天候允許，他們寧可選擇難度較高的拿破崙路；因爲走在稜線上地勢高較爲曝露，不似瓦卡洛斯路深埋在樹林裡容易藏匿搶匪。朝聖，千里迢迢，路途上並不安寧，尤其在偏遠的山區盜匪攔路打劫乃是常事。爲求平安，他們常故作襤褸打扮，身上僅持少許財物且通常成群結隊，人多勢衆，多少能對搶匪產生嚇阻。

望著這無盡的樹林深處，我情不自禁地陷入遐想，想像我也是一名中世紀的朝聖者，一名獨行的朝聖者，正走在這密林之中。我戒愼恐懼，不安地、不斷地抬頭查看林梢，總覺得打家劫舍的盜賊隨時會從樹梢一躍而下，或者，擔心前方突然出現一位像羅賓漢的傢伙，把手中那繃緊弦的弓箭對準我。這會不會正是那個時代的眞實寫照呢？

左／在馬路上常可見到聖雅各之路的扇貝標誌。**右**／朝聖步道的匯入口。

終於騎上了最高點的伊班聶塔，值得為自己歡呼！

終於騎到最高點

坡，似乎永無止境。四個人前後相距不遠，有時還聽得到彼此沉重的呼吸聲，偶爾傳來幾聲近乎詼諧的哀嚎聲，我都當作彼此相互砥礪的加油聲！坡度大時甚至需要用到「之字形」的騎法，才能爬得上去，好在這條馬路車輛不多，偶爾才有一輛載運木材的大型卡車經過，要不然在大馬路上這樣子騎車，不出事才怪。

要不是那個大大的褐色牌子寫著「Ibañeta 1057m」，眞不敢相信我已經騎到瓦卡洛斯路的最高點，顧不得大腿僵硬，趕緊跳下車爲這歷史的一刻拍張照片留念。我掐指算了算時間，從民宿騎到此地，距離差不多是二十六公里，所花的時間，不多不少，五個小時。這裡最醒目的就是那座摩登簡約的教堂，可惜大門緊閉無緣入內，已有幾位先到的朝聖者在此小憩或吃午餐。

英雄羅蘭的故事

五十公尺外一個微微突起的高地上有座石碑，所紀念的正是《羅蘭之歌》的主人翁羅蘭。

羅蘭，查理大帝手下的大將。《羅蘭之歌》敘述的是查理大帝出征西班牙的一段事蹟。那時查理大帝爲建立他的法蘭克王國而四處征戰。西元七七八年，對伊比利半島上的摩爾人用兵暫告一段落，準備班師回國，在返回法國的途中經過巴斯克人的領域。查理大帝沒遵守當初的信諾，反而把潘普洛納的城牆盡數拆毀。他曾經承諾過不傷害這城市的一磚一瓦。於是憤怒的巴斯克人在庇里牛斯山查理大帝大軍必經的孔道上設下埋伏，襲擊他的後衛部

花崗石碑上刻著 ROLDAN 及 778、1967 兩組數字，1967 或許是立碑的時間，而 778 確實是羅蘭戰死的年份。

隊。擔任後衛部隊指揮官的正是查理大帝的愛將羅蘭。遇襲的地點眾說紛紜，但最有可能的就是伊班聶塔高地。

巴斯克人善用熟識地形的優勢，在此伏擊羅蘭指揮的一小隊人馬。面對排山倒海的敵人，羅蘭的副手奧利維請求羅蘭快快取下配在腰間的號角「坳里風」，吹響它向國王和主力部隊求援。但過於自信與驕傲的羅蘭說：「後衛軍的職責本是確保主力能夠安心向前，現在卻要我把他們召回來救我，此將丟盡我的顏面！」因而拒絕了奧利維的建議，直到戰情急轉直下，他身受重傷，不得不吹響號角召喚查理大帝，但已經太遲。聞知有變的國王趕到戰場時，羅蘭和他的部屬已全數戰死。

龍塞斯瓦耶斯只有不到 100 位的居民，但這裡有教堂、修道院、咖啡吧，還有幾處庇護所。

英勇狂狷的羅蘭以此等壯烈的方式殉國，塑造了他個人的英雄形象，立刻成爲法國騎士的典範。由於羅蘭的事蹟觸發了《羅蘭之歌》的誕生，經過好幾世紀的演變，不論是十字軍東征或者在各個基督徒對抗穆斯林的戰爭中，一再被推崇，羅蘭成了所有基督教騎士的標竿。英雄的史詩逐漸被歌詠者與文學家浪漫化及神格化、在追思與懷念的催化之下，連羅蘭身上形影不離的配劍「杜朗達」及象牙號角「坳里風」都成了聖器；在十字軍東征風起雲湧的時代，主事者爲了激勵人心也爲了同仇敵愾，把殺害羅蘭的人從同爲基督徒的巴斯克人，轉換成當時基督教社會共同的敵人——回教徒。為了達到目的，宗教也可用來服務政治，這種例子在歷史上屢見不鮮，不是嗎？

一旦騎上了伊班聶塔，今天的功課算是完成了一大半，接下來就是一路向南下滑，先到龍塞斯瓦耶斯吃午餐，再到布爾格特喝咖啡，再來，就一路直奔今晚的住宿點「祖比里」（Zubiri）。

海明威與我

這一次，除了懷有騎完全程的宏願之外，我還有個期盼：去會見我的一位偶像。

初中二年級的一本英文課外讀物《老人與海》（The Old Man and the Sea），讓我初次認識了這位朋友——海明威。《老人與海》讓海明威贏得一九五三年的普利茲獎，隔年又獲得諾貝爾文學獎。除了煩人又查不完的各類海洋魚種單字外，這篇由美國大文豪所寫的小說讓我讀來津津有味。長大後在看過由史本塞．屈賽所演的同名電影，才知道那條超級大的馬林魚原來是旗魚。

《老人與海》故事簡單，敘述一個卑微、孤獨、與世無爭、毫不起眼的老漁夫，與大海、鯊魚搏鬥的情形。少年時覺得這位頑強老漁夫在面對困境及挑戰時，能夠堅持到底、奮鬥不懈，眞叫人刮目相看。長大之後才慢慢體悟出，原來海明威是藉這位老人及這篇小說告訴世人，他生命中最重要的價值在於：他可以被摧毀，但不能被打敗的氣概！這既是海明威的一則寓言，相信也是海明威的自述。

海明威是一位非常愛旅行的作家，或許因爲工作、婚姻或家庭的關係，在世界各地都曾留下足跡。他曾待過義大利、巴黎、美國佛羅里達的基韋斯特（Key West）、非洲、西班牙、古巴，而且待的時間都不短。在不同的國度，有不同的生活體驗，每每提供足夠的素材和靈感，讓他完成許多著作，與西班牙有關的小說就有兩本：《太陽依舊升起》（The Sun Also Rises）及《戰地鐘聲》（For Whom the Bell Tolls）。

《太陽依舊升起》和此次旅行有直接的相關。早在一九二〇年，他應《多倫多星報》（Toronto Star）之邀到巴黎擔任特派記者。一九二三年七月，他從巴黎前往西班牙的潘普洛納體驗到他第一次的「奔牛節」（San Fermín），從此深深地爲之著迷。之後，他每年都會再回去享受節日的狂歡，體驗人與牛無情的競賽。連續八天的慶典，除了上午的奔牛之外，還有下午的鬥牛，這些印象後來全都變成《太陽依舊升起》這部小說裡的場景。《太陽依舊升起》是海明威的第一部小說，也是他最成功的小說之一。

布爾格特旅館裡的鋼琴

自從喜歡上海明威之後，只要有機會就會盡力與他保持聯繫，從書本、電影或從旅行的地圖上找尋這位老朋友的蹤跡。

用過午餐，自龍塞斯瓦耶斯一路向下滑行，才三公里就來到了布爾格特。這是個出奇安靜的

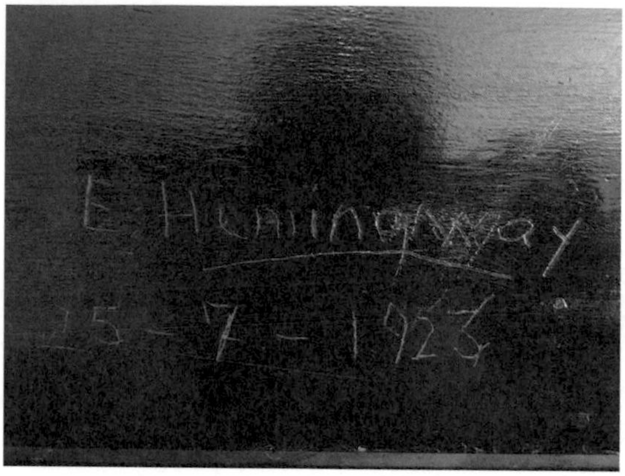

左／海明威在琴蓋上的簽名。。**右**／布爾格特旅館年代久遠，曾是海明威常來居住之處。這是海明威彈過的鋼琴。

小村子，見不到任何行人，這時應該是西班牙人長午睡的時間（la siesta）。道路兩旁的房舍、路樹、庭院皆整齊有致，難怪海明威喜歡這裡。我放慢騎速向四處張望，尋找一家與村子同名的旅館 Hotel Burguete，海明威在潘普洛納作客期間經常來這家旅館長住，在此完成《太陽依舊升起》。

推開門，我們四個人走了進去，那家旅館的前廳是個咖啡吧，空蕩蕩的只有兩位客人，我四下掃視，但就是沒搜尋到那部鋼琴。走到吧台，點了四杯咖啡，趁老闆製作咖啡之際，我大膽地要求他讓我看看海明威在《太陽依舊升起》裡提到的那部鋼琴。或許平常老闆根本懶得搭理這類要求，但聽到我這「歪果人」怪腔怪調地說著他的語言，態度又謙卑誠懇，他不答應都難。老闆放下原本嚴肅緊繃的臭臉，露出勉爲其難的表情點頭說好。

他取出鑰匙開了房門，進去才知裡面還有個餐廳。那時並非用餐時間，桌椅場地收拾得近乎不合情理的整潔，或許那僅是一間聊備一格但不再使用的餐廳。

老闆領我們來到頗有年歲的直立式鋼琴面前，翻開琴鍵蓋讓我們看海明威的簽名。從粗糙的刻痕判斷這應該是用刀強行刻出，上頭的日期是「7-25-1923」。我心頭一驚，因爲每年的七月二十五日正是西班牙的聖雅各紀念日，也是朝聖活動最高潮的一天。我不清楚海明威爲何選在這個日子「簽名」，是純粹巧合或者眞的與聖雅各有關？我會如此質疑，是因爲他一向只爲「奔牛節」而來潘普洛納，而且在著作中也不曾提到過Camino de Santiago。或許，眞的只是個巧合，是我想太多。

水庫邊的旅館

離開布爾格特時已是下午三點半，我們必須抓緊時間，容不得任何耽擱。前方雖然不再有大坡段卻是小坡不斷，騎過海拔八百五十公尺的艾羅隘口（Alto de Erro），就準備要拐進N138公路，從這交叉路口還要往北再騎六公里，才能抵達埃烏希（Eugi），前往位在水庫邊上的旅館。大家的體力到此時已是強弩之末，偏偏還得頂著逆風面對不斷起伏的山路，只能叫苦連天，不斷地抱怨爲什麼當初要訂那麼偏遠的旅館。

舒適的旅館，親切的接待，晚餐時爲這踏上征途的第一天，好好地犒賞了自己。我是海明威的粉絲，明天到了潘普洛納還有更多海明威的足跡可以追尋，期待明天。

Spain

05 海明威的潘普洛納

日期 2014/05/28
天氣 晨雨，午後才止
目的地 潘普洛納
路徑 埃烏希（Eugi）→祖比里（Zubiri）→潘普洛納（Pamplona）
距離 30公里

昨晚沐浴後到戶外晾衣服時，就察覺屋外濃霧繚繞、溼氣凝重。果不其然，今早等著我們的是個雨天。但下雨不愁，早有防備。今天目的地是大城潘普洛納，當初規劃時就刻意安排了僅短短三十公里的騎程。預計中午前可抵達，留下大半天時間來參觀這座城市。

迷途之旅，初到潘普洛納

離開民宿，先循著來時路回到N135公路，再沿著阿爾加河（Río Arga）一路向南。路途平坦輕鬆，不太在意那一路形影不離的綿綿細雨。然而，卻在毫無提防之下，闖進一個交通繁忙卻不知名字的市鎮。在十字路口上，我們陷入迷惘，好像四隻沒了頭的蒼蠅，遍尋各個路口就是找不到繼續往前的路標（事後才知道N135公路就在此地結束，接下來要走潘普洛納的外環道進城）。淋著雨，我看了看浩苓，希望憑藉他的方向感知道接下來該往那個方向走，但在沒任何參考點的情況下他也沒轍。當大伙一籌莫展之際，機伶的淑芬突然用彆腳西班牙語，向一位站在她身旁的歐吉桑問路。一陣雞同鴨講、比手畫腳，對方好像弄懂了我們要去的地方，便指著一條穿過公園的水渠步道，說那是條可以到達目的地的捷徑。在摸不著頭緒的當下，他的建議成了我們唯一的選項。

我們與這位歐吉桑的溝通眞的有障礙，只能從手勢及臉上的表情去揣測他的語意。曾納悶爲什麼他的西班牙語那麼難懂，但事後一想也就不奇怪，因爲此時我們已進入巴斯克人的領域，說不定他所講的正是巴斯克腔的西班牙語呢。熱心的歐吉桑一再揮著手、催促我們順著公園內的水渠步道一直走，但看我們猶豫，他索性陪我們走了一小段，直到我們踏上他指示的方向才回頭。

當然，事情沒那麼簡單。公園內水渠密布，人行步道依偎著渠道往各個方向伸展出去。正逢春末，氣溫回暖，附近山嶺的積雪加速融化，使得渠道內的水勢洶湧。公園內花團錦簇，即使是陰雨的天氣，仍可看到許多老先生、老太太撐著雨傘散步。

本該稍事停留，駐足欣賞此地有如陽明山花季般的景色，奈何我們行色匆匆，頻頻停下來察看路旁的步道地圖，也一再詢問路人，由於語言障礙，每次溝通都只能約略得到一點概念，每回再跨上鐵馬時，心中其實都還充滿著疑慮和不確定。雖然如此，我們最終還是找到了抹大拉橋（Puente de la Magdalena）。

阿爾加河貫穿整個潘普洛納，這座建於十二世紀、線條美麗的抹大拉橋，是朝聖者進入潘普洛納的必經之地。自古，在朝聖者的心目中，此橋和明天會經過的女王橋（Puente la Reina）有著相提並論的份量。我們忠實地照著朝聖步道上的指標亦步亦趨，跨過橋，進了城，發現朝聖人口的密度變高了，不愧是個大城，各方人流都往此地匯集。輕鬆地跟著朝聖人潮，最後來到法國門（Portal de Francia），在城門下我們順利地與艾瑞克會合。艾瑞克牽著在維多利亞新買的單車，意氣風發，興奮地告訴大家，昨天他已經把老城區大致摸了一遍，足夠當我們的嚮導。

海明威和潘普洛納

有人說：「建築物是一個城市的表情，一種城市的符號。」但潘普洛納最動人的城市風景卻不是建築物，而是一年一度的奔牛節。許多外國遊客，包括我在內，都認爲潘普洛納就等同奔牛

只要找到抹大拉橋，我們就不再擔心迷路了。橋上可瞧見許多朝聖者也正要進城。

節，而奔牛節和海明威又有著密不可分的關係。

《太陽依舊升起》描述第一次世界大戰結束之後，主角傑克．巴恩斯和他的友人——一群想要逃離戰爭陰影而跑到異鄉過著糜爛生活的人（後人稱他們是「失落的一代」），故事場景從美國東岸到法國巴黎，最後來到西班牙的潘普洛納。每一章節都有飲酒的場面，如果主角們沒有喝酒，那一定是在泡咖啡廳、跳舞、宴會、調情，不然就在旅行、看鬥牛、節日狂歡。

海明威到潘普洛納最主要的目的，就是觀賞鬥牛。他到底多愛鬥牛呢？從他去潘普洛納的次數就可知道，二戰前他一共去了九次[1]，之後他參與了西班牙內戰（一九三六至一九三九年），緊接著第二次世界大戰爆發，二戰後的一九五三及一九五九年又去了兩次。每一次去，他絕非只作壁上觀，他會在小酒館裡廝混、與當地人結交，甚至和幾位著名鬥牛士成了好友。節慶時，他也會擠在數以千計的人群裡，被牛群追趕而滿街賣命狂奔，也與當地的年輕人徹夜飲酒高歌而醉倒路邊，在鬥牛場邊上為得勝的鬥牛士歡呼吆喝。

他是如此著迷於奔牛、鬥牛，因此一去再去。透過《太陽依舊升起》，透過他的文字，原本默默無聞的潘普洛納，奔牛節只是區域性的節慶，竟然一夕之間紅遍世界，如今奔牛節已成了世界矚目的大事件，每年七月的潘普洛納都會湧進近四萬觀光客，這全都是拜海明威所賜。

海明威和這城市的淵源這麼深，許多當年海明威流連過的酒館、咖啡吧、餐廳，以及住過的旅館，甚至他書中所提到的地點，至今仍有不少還留存下來。我們雖然無緣參加節慶，但若能利用這半天時間尋訪海明威走過的足跡，或許能稍稍舒解不能親身體驗奔牛節的遺憾。

從城堡廣場尋找海明威

尋找海明威，毫無疑問，位在舊城中心的城堡廣場（Plaza del Castillo）是最佳的起點。一個近乎正方形的廣場，周邊被四、五層樓高的房子所圍繞，在海明威的那個年代，這廣場就存在著許多餐廳、咖啡吧和旅館，至今風景依舊。歷史悠久的廣場呈現多樣的建築風格，但本該鮮明的紅瓦粉牆，卻在陰雨溼冷的天氣下顯得黯淡無光，只有幾個匆匆躲雨的行人，空蕩清冷。

爲了避雨，倉促之間我們選在 Bar Txoko 用餐。在這午餐時間，只剩屋外迴廊有閒置的餐桌可容納得下五個人。這家咖啡吧除了供應咖啡、點心之外，就只賣些簡單的輕食。我們各自點了一道熱湯，卻毫不客氣地把菜單上所有 tapas 統統叫了一份。肚子塡飽了，打算移往廣場斜對面的 Café Iruña 喝杯咖啡。2

金碧輝煌的 Café Iruña，反映著 19 世紀美好年代的風采。

才要起身離座，就發現緊鄰 Txoko 的竟是 Cervecería Tropicana，這是個意外的收穫，得來全不費功夫。原來這家啤酒屋所在的樓房，在海明威的年代名叫 Hotel Quintana，而當時的主人 Juanito Quintana 是海明威的好友。在小說裡，旅館被改名爲 Hotel Montoya，而旅館老板的名字也就跟著改成了 Montoya。這家旅館後來被改建爲公寓，樓下的店面租給了 Cervecería Tropicana。小說裡，傑克也像海明威本人一樣是個鬥牛迷，不只愛看且精於此道，評論起鬥牛，頭頭是道。傑克和旅館老板都對鬥牛懷抱著激情，彼此惺惺相惜，成了莫逆。每逢慶典時，所有西班牙頂尖的鬥牛士都會住到這家旅館來，而且每年一來再來，Montoya 旅館中擺掛著許多鬥牛士的照片。我站在門口往內探視，這家擁擠吵雜的啤酒屋實在難與海明威筆下那優雅的「鬥牛士之屋」相提並論。

搖搖頭，不眷戀地徑自回頭往 Café Iruña 走去。才推開門一跨入，立刻感受到這家自一八八八年開業至今的百年老店果然氣宇非凡。時空停滯在一九二三年，我彷彿掉入書中的某一頁，走進十九世紀的「Belle époque（美好的年代）」。Iruña 的內廳寬廣高大，讓巨大的吊燈有充分發揮的空間，也因牆壁上那幾面玻璃鏡的反射作用，使得視覺空間更爲寬闊光亮、金碧輝煌。阿拉伯風格的鐵柱頂起裝飾繁複的天花板，低頭看，那黑白相間的大理石地板遮掩不了累積數十年被鑄鐵椅腳刮傷的痕跡。再瞧瞧桌椅，我不禁讚嘆：「果然不錯，仍舊是大理石桌面配上柳條座椅，沒變！」

我一邊啜飲咖啡，一邊尋找海明威的角落（el Rincón de Hemingway）。海明威在這家咖啡廳度過許多時光，店家爲了紀念他，特地雕塑一尊銅像。最後，我在洗手間旁的一扇門後找到了通道。推開那扇門，沿著低矮的階梯到地下室，哈哈，海明威果然在那！一尊黑黝黝、與他等身大小的雕像，就倚在吧台前，身體微微前傾，彷彿面前有許多聽衆正聽著他發表高論，此時的海明威不再是二十幾歲的小伙子，發福的身材應該也是四、五十歲的大叔了。

海明威的角落（el Rincón de Hemingway）。

1 分別是一九二三至一九二七年每年一次，以及一九二九、一九三一年。

2 這兩個拗口難唸的 Txoko 與 Iruña 都是道地的巴斯克語。Txoko 發音類似 choco，簡單來說，就是會員制的飲食俱樂部。**Iruña** 是西班牙語的 **Pamplona**（潘普洛納）。

照片正前方是七層樓的 Gran Hotel la Perla。（亞瑟提供）

位在廣場的東北角，與 Café Iruña 同一側的 Gran Hotel la Perla 頗爲醒目。顏色淡雅，造型有致，是個五星級的旅館。在小說中，傑克和他那一幫友人都住在 Hotel Quintana，但在眞實生活中，Gran Hotel la Perla 才是海明威本人的最愛，幾乎每一次造訪都住在這家旅館。一九二三年他第一次來的時候還是個窮小子，住不起，第二次之後身上有些錢才得以如願。他經常住的二一七號房像時間膠囊般，被完整地封存下來。房間陽台所面對的正是 Estafeta 大街，節慶時，每天早上海明威都可以輕鬆地俯視出鬧的牛群沿著此街朝鬥牛場奔去。

見到了海明威

對廣場的方向有了幾分概念後，察看地圖得知 Paseo de Hemingway 就在不遠處。我想，該去見見那位老朋友了！

就在鬥牛場旁，我看到了他，一臉落腮鬍的海明威。一個銅雕的頭像擱在花崗岩龐大的身軀之上，專注的眼神凝視前方。這雕像就立在鬥牛場旁，對於一生癡迷於鬥牛運動的海明威而言，適得其所。我耳邊又響起他在《死在午後》（Death in the Afternoon）裡說過的一句話：「在鬥牛中，人們被死亡所吸引；與死亡近在咫尺，又從死亡身邊溜走。」

鬥牛場旁，市政府為海明威立的塑像。

Monumento al Encierro，一個巨大的奔牛節紀念雕像，是潘普洛納的地標。從雕像裡人物和牛群的動作可以看出奔牛時的盛況。

為了表彰海明威對潘普洛納的貢獻，這城市特地建了這座雕像，基座上刻有一段文字：「A Ernest Hemingway, Premio Nobel de Literatura, amigo de este pueblo y admirador de sus fiestas, que supo descubrir y propagar」（致厄尼斯特・海明威，諾貝爾文學獎得主，這個城市的朋友也是這城市節日的仰慕者，他懂得如何去發現及宣揚這個城市。）立像的時間是一九六八年七月六日，當時，他最後一任太太 Mary Welsh 也在現場。

現所在的位置正好是鬥牛場，我們沿著奔牛路徑走，從 Calle de la Estafeta、Calle Mercaderes 到 Calle de Santo Domingo 街底的牛欄，一共才八二五公尺長。我不免咋舌，牛群只花三分鐘就跑完的路徑，從影片看來卻是驚心動魄。此刻，並沒有訊號煙火的爆炸聲，街道兩旁看不到雙層的護欄，也少了群牛雜踏的蹄聲、群眾瘋狂的嘶吼聲、皮鼓擊響銅號尖鳴的聲音，安靜得有如大家還在午睡一般。

走累了，我和淑芬在「Valor 巧克力店」歇歇腿，喝杯咖啡、吃客冰淇淋，聊起了印度寶萊塢電影《三個大丈夫》（You Won't Get To Live Life Twice）。電影講的是三位大學死黨約定好，三人之中只要有一人結婚，在終結單身之前要一起來趟最後的單身之旅，地點正好就是西班牙。旅程中，每人都要挑選一項極限運動，另外兩人得一塊參加；來到了潘普洛納後，三人一起參加奔牛節，抱著若跑不過牛，大不了被牛角掀翻死翹翹而已的決心。聊天聊得輕鬆，但我不禁聯想：我不是一直在尋求「不同凡響」的旅行經驗嗎？若真的親臨奔牛節，那個時候的我，是不是有勇氣跳進柵欄裡讓群牛追趕呢？

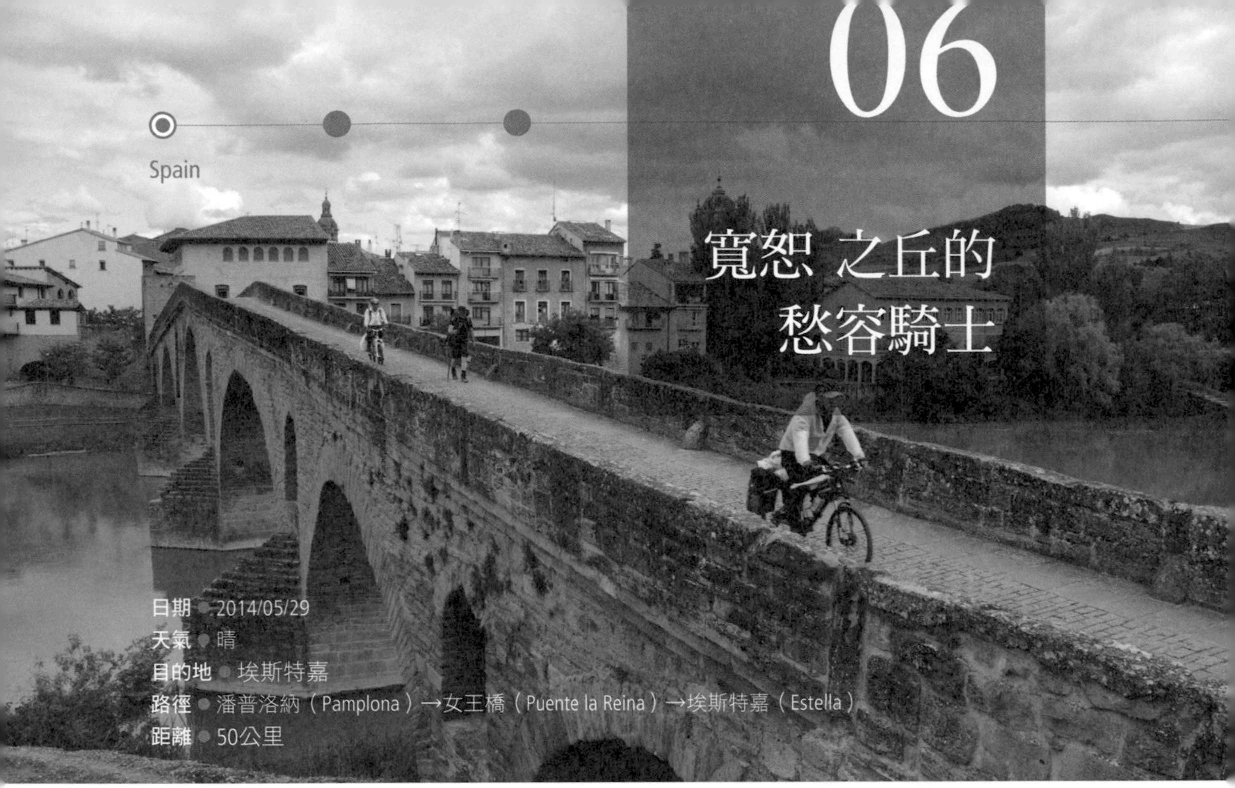

06

Spain

寬恕之丘的愁容騎士

日期 ● 2014/05/29
天氣 ● 晴
目的地 ● 埃斯特嘉
路徑 ● 潘普洛納（Pamplona）→女王橋（Puente la Reina）→埃斯特嘉（Estella）
距離 ● 50公里

從市中心離開潘普洛納也不是件容易的事，幸好昨天在城市漫遊之時，我們已四處留意地上的貝殼記號，只要循著徒步路徑出城就比較容易了。

潘普洛納不愧是朝聖大城，一大清早我們自旅館出來就發現各處都有早起的朝聖客，不論是在交通繁忙的十字路口或人行道上，都可看到背著大背包、手持登山杖的徒步朝聖者不絕於途，全都朝著埃斯特嘉（Estella）的方向聚攏，因爲聖殿就在那個方向。我跨在單車上等待紅綠燈，望著這些來自世界不同角落卻又懷抱相同目的的陌生人，心中感動又興奮，朝聖的那股感覺充塞我心。

離市中心愈遠，人流逐漸分散，連地上的貝殼記號也愈來愈稀疏，接下來就得專注於找尋路途上的Enseña（指引朝聖路的黃色箭頭符號）。一路走走停停，最後我們的方向鎖定在找尋 N111 公路的標示。落在隊伍尾巴的淑芬突然大聲叫停，她要我們大家回頭，原來我們已經進到了納巴拉大學（Universidad de Navarra）的校區內，不如順道到行政大樓，爲朝聖護照取得今天的第一枚戳章。

奮力騎上「寬恕之丘」

在朝聖路上，徒步者所走的路徑和單車族不太相同：徒步者走在泥巴路、碎石路、鄉間小路或羊腸小徑上，而單車族沿著公路、柏油路前進。有的時候徒步者的步道和單車族的公路會平行，有時徒步者會鑽進樹叢，消失在濃密的樹林裡，有時又會毫無預警地出現在我們左右。徒步者依循前人的腳印、找尋地上黃色箭頭或扇貝標誌，才不至於迷失方向，而我們靠 GPS 及 Google map 在公路上馳騁。

走出城市來到郊外，地廣無垠，視野遼闊。壯觀的雲朵懸浮在天際，地上除了幾幢屋舍之外，放眼望去是無止盡的綠野平疇，尙未成熟的小麥隨風搖曳，掀起一波波青綠麥浪。

遠遠的山脊上矗立著一長排巨大的風力發電機，不論如何左彎右拐，它們始終在我的前方。望著這排轉動葉片有如揮動手臂的大怪物，我想起了塞萬提斯筆下的愁容騎士唐吉訶德，無畏地衝向他眼裡的巨人。這時候，，我情不自禁地哼起電影《夢幻騎士》（Man of La Mancha）中的歌曲《The Impossible Dream》[1]，趁四下無人之際，乾脆扯開喉嚨唱了起來；電影中這位邋遢的老頭，

三五成群的朝聖者行走在連綿不斷的麥田裡，令人印象深刻。

在夜半時分對著仰慕的女神唱出他「摘星」的心願。此刻，我眼前有一條無限延伸的上坡道等著我，順著這條路，前方是朝聖者必看的地標「寬恕之丘」（Alto de Perdón），隱身在那一排胳臂伸得長長的巨人背後。

朝聖路，千里迢迢，坡段一重又一重。爲了寬恕之丘，我的雙腳絲毫不敢怠慢。這時候，我多希望自己就是唐吉訶德，胸懷那瘋癲卻見眞情，執著卻見眞理的精神，讓我擁有一股傻勁勇往直前。人生應當有夢，去摘那不可得的星星，成全心中嚮往的探險與遠征。

要騎上「寬恕之丘」必須在很短的距離之內，完成爬升三一〇公尺的高度，的確需要費些腿力。但騎上去

上／寬恕之丘的鑄鐵雕像。
下／回頭看一路騎上來的路線，風景美極了。

之後，一切辛苦皆獲得補償。站在山嶺上極目遠眺，似乎天下盡在眼底，美不勝收，翠綠山谷中點綴著如緞帶般的公路，那是我的來時路。

山頂上最引人注目的是那一長排鑄鐵雕像：一隊正邁向聖地亞哥的朝聖隊伍。不論是徒步或騎在馬背上的人，都低著頭、頂著風向西前進，具體呈現了自古以來朝聖的風貌。雕像下緣鏤刻了一段銘文，上面寫著：「donde se cruza el camino del viento con el de las estrellas.」（此地正是風之路與星辰之路交會之處。）正好說明了此處「地高風勁」的地理特性，而「星辰之路」指的正是這條法國之路。傳說中，這條朝聖路線正好對應天上的銀河，朝聖者走在所謂的「光之線」之上：一條由上而下，垂直切過地表的能量線。由於能直接反映天上星星的能量，人們在「光之線」上行走，往往能得到非比尋常的靈性體悟。

走訪歷史悠久的神祕教堂

自「寬恕之丘」一路滑行下山甚是暢快，但隨即就須改道。伙伴們看到我堵在路口指揮，要大家轉入一條鄉道而感到詫異，臉上透露出疑惑：爲什麼要偏離主要道路，刻意走一條鄉間小道？

1 電影《夢幻騎士》講的正是唐吉軻德的故事。

我說：「我想帶大家找尋一座十二世紀的古老教堂。」他們不置可否地跟在我後面，自N111公路轉入鄉道NA6016，接連穿過兩個小村莊之後，我們來到一處曠野。遍地鮮紅豔麗的虞美人花在田野之中隨風招展，即使是大叔級的我們也禁不住美麗花朵的誘惑，急忙拋下單車，如小孩般的雀躍，紛紛拿出相機跳進花叢裡。

當我瞧見那座教堂時，它孤零零地立在曠野之中，與世隔絕卻又非比尋常，而最近的村子至少在兩公里之外。百門聖母瑪利亞教堂（Iglesia de Santa María de Eunate）是仿羅馬式的建築，擁有罕見的八角形建築體，可惜大門深鎖，無緣入內一窺究竟。這個神祕的教堂，有人說和聖殿騎

左／孤零零佇立在曠野之中的仿羅馬式教堂 Santa María de Eunate。**右**／鮮紅豔麗的虞美人花海。

士團有關；有人認爲蓋在朝聖必經之地是要當作葬禮教堂，以應付朝聖者因艱辛的長途跋涉而病死途中的狀況。教堂外面被一連串優美的圓形拱圈所環繞，有人指出教堂之名的 Eunate 是由 Ehunate 所轉化而來，在巴斯克語裡，Ehunate 有 Hundred Doors 的意思，但經我一算，其實只有三十三個（拱門）。

騎車在這朝聖路上，沿路我不停地閱讀，發現這條中世紀興起的朝聖之路，其實孕育了無數璀璨的文化：英雄、騎士、精靈、軼事奇聞，歷史與傳奇、現實與虛幻之間構築了一個特異的世界，而我正逐步、逐日地深入其中，令人興奮與期待。

朝聖路上最美的一座橋：女王橋

進入女王橋（Puente La Reina）市區前約一公里左右，路上突然熱鬧起來，走近一看，許多人正圍著「朝聖者紀念碑」照像。我很高興看到這個紀念碑，因爲它的確意義重大：在法國境內有四個不同起點的路徑，通往西班牙的聖地亞哥德孔波斯特拉，而會合處就是這裡。[2] 在一九六五年（聖年），官方在這個意義重大的會合點上豎立了這座雕像，以茲紀念。

騎到女王橋時才剛過下午三點，但主要街道[3]上靜悄悄的，整個小鎮似乎還沒自長午睡中甦醒。我們突然出現驚擾了小鎮的安寧，幾隻不甘被打攪的狗兒對著我們狂吼大叫。我沿著大街慢慢騎仔細瞧，幾間指南上推薦的教堂都大門緊閉，只好把期望寄託在路底那座美麗的女王橋了。

這座被譽爲朝聖路上最美麗的一座橋，建於十一世紀。在那個年代，身爲伊比利半島上基督教世界的領袖，國王及王后有保護朝聖信徒安全的義務。當時的納巴拉王國的王后Doña Mayor（桑喬三世的太太）鑒於此地是衆多朝聖路線的匯集之地，而且信徒人數一年比一年多，所以下令建築此橋，讓信徒們能夠安全跨過眼前的這條大河。結果，這座橋名氣大到連城市都以其來命名。

橫跨在阿爾嘉河上的這座橋，五孔六墩，果眞是個美麗的石橋，

法國之路四條不同起點的路徑，就在這裡會合。

女王橋與河面上的美麗倒影。

橋上石板鋪成的路面被千萬人踩踏過而顯得斑駁蒼老。我在橋的兩端來回遊走，想找出最好的拍照角度，發現最佳的拍照地點是與女王橋平行的NA111公路橋。從那裡，五個橋拱的半圓和河面上的倒影，合成五個大小有序的圓。

不敢在女王橋耽擱太久，距離今晚投宿的地點——埃斯特嘉，還有二十多公里的路程要趕。收拾好相機，再跨上鐵馬時才發現其他人早已離去，在遠遠的地平線上，只剩下三、四個小小的黑點，我得快馬加鞭才能趕上他們。

2 四個不同起點的路徑爲：Chemin de Paris、Chemin de Vézelay、Chemin de Le Puy、Chemin d'Arles，最終在女王橋附近會合。

3 西文裡的 Calle Mayor / Rúa Mayor 即英文的 Main Street / Main Road，通常是小鎮或村莊裡最熱鬧的一條街。

Spain

07 先點菜，再決定酒！

日期 2014/05/30
天氣 晴
目的地 洛格羅尼奧
路徑 埃斯特嘉（Estella）→洛薩雨科斯（Los Arcos）→桑索爾（Sansol）→托雷斯德里奧（Torres del Río）→畢亞納（Viana）→洛格羅尼奧（Logroño）
距離 50公里

利用早餐時間瀏覽當日的路徑已經成了每日的習慣，除了銘記路途上重要的轉折點之外，同時也留意當天會經過哪些城鎮、有哪些值得參觀的名勝，並估算距離，尋找適合休息吃午飯的地點。

通常一天六十公里左右的騎程，會經過五、六個大小不一的村鎮；有的緊靠公路邊，有的遺世獨立地聳立在山頂上。我們有時駐足細看，有時直接穿過它的舊城老街而不作停留。

與王室相關的免費葡萄酒：伊拉切酒莊

今天最令人期待的，是離開埃斯特嘉後僅二至三公里遠的一所修道院，修道院旁有個伊拉切酒莊（Bodegas Irache），這酒莊非常特別，居然提供免費葡萄酒給過路者。

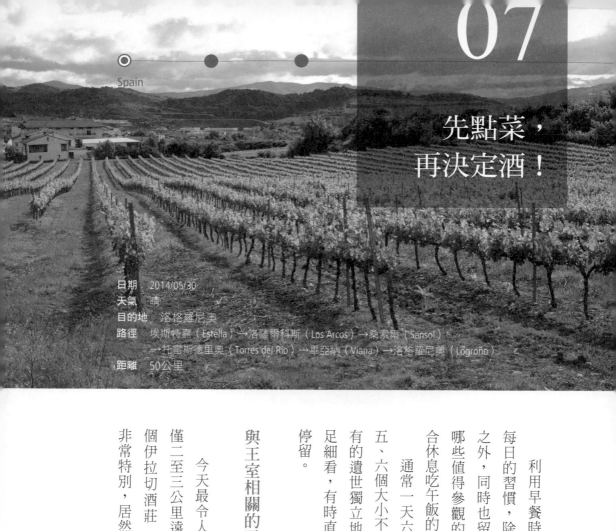

這一路來，朝聖地圖上標示著不少「fuente」，即泉水或水源，包含了天然的湧泉或經由人工引來的水源，供飢渴的朝聖者飲用，但是，免費的葡萄酒？這可就稀奇了！

伊拉切修道院（Monasterio de Santa María la Real de Irache）來頭不小，從「Real」這個字就知道它和王室脫不了關係。十世紀末，納巴拉王室在這座修道院蓋好之後，賦予它一個崇高的使命：提供醫療服務給路過的朝聖者，同時王室也慷慨地捐贈附近大片的葡萄園。自那時起，這個本篤修道院成了朝聖路上重要的庇護所及醫院。

身心俱疲的朝聖者，不但可以在此放下心靈的苦難，也可獲得實質的醫療和補給，品質優良的葡萄酒更讓修道院獲得「Land of good bread and excellent wine」的美名。但到了十九世紀，由於招收不到足夠的僧人，修道院的功能逐漸式微，但免費提供葡萄酒的傳統一直被善心的酒莊主人延續下來。呵呵——我怎麼可以錯過免費喝酒的機會呢。

免費提供葡萄酒的伊拉切酒莊。牆上有兩個水龍頭，一個流出清水，一個流出葡萄酒，每天早上八點供應到晚上八點。

伊拉切修道院。

洛薩爾科斯

公路並不寬，好在汽車也不多，清爽的空氣使得騎車成了享受。沿途盡是麥田、葡萄園及橄欖樹林，田野裡偶而摻雜了幾株鮮紅豔麗的虞美人，大地不停地更換顏色。熟度不同的麥田生成顏色不同的大片色塊，淺黃的、淺綠的、深綠的，由近而遠，搭配墨綠的遠山及烏黑深沉的雲層，構成一幅景色絕佳的印象派油畫，常叫人停下來讚美嘆息。

洛薩爾科斯（Los Arcos）是個理想的午餐地點，自N111公路下來之後，只要盯著教堂高聳的鐘塔，很容易就能找到教堂廣場。這裡自古就是個朝聖路線匯集的城鎮，來自各方的信徒都會聚

上／麥田、遠山與雲層，構成了一幅絕佳的印象派油畫。**下**／這個村莊有個很長的名字：Villamayor de Monjardin，除了高聳的教堂，山丘上還有個城堡，護衛民居和葡萄園。

洛薩爾科斯的地標——聖母瑪利亞教堂（Iglesia de Santa María）是個歌德式的教堂，高聳的鐘樓相當醒目。

集在此午餐或休息。這方小小的教堂廣場是目前爲止我看過朝聖人口密度最大的地方。所幸，村子雖小卻五臟俱全，廣場周邊不乏小店、咖啡吧。艾瑞克不負眾望，繼續發揮對食物敏銳的搜索能力：他找到一家烘焙坊，不但有扇貝型的糕餅甜點，而且美國歐巴馬總統還曾經光顧過。當然，我們完全抗拒不了那抹上濃厚巧克力又適時應景的甜點。

我們在路上的午餐講求方便，通常是一份西班牙式三明治（bocadillo）配上飲料。（淑芬提供）

桀驁不馴的巴斯克人

在穿過一個公路的涵洞時，匆匆之間眼角餘光掃到了牆壁上的塗鴉「Freedom Basque Country」。心頭一驚，咦，那不是巴斯克人爭取獨立建國的口號嗎？

巴斯克祖國自由組織（ETA）一心想脫離西班牙而獨立，自一九六〇年開始以恐怖攻擊及暗殺爲手段來表彰訴求。雖然ETA早已宣示放棄武裝對抗的承諾，但在這條祥和平靜的朝聖路上突然撞見這樣的塗鴉，還是令人意外及不安。巴斯克人的憤怒與不滿似乎還殘留在空氣中、牆壁上及黑暗的角落裡。

其實，當我們去到聖讓皮耶德波爾，就已經走進巴斯克人的領域。在地理上，它濱臨大西洋的比斯開灣（Bay of Biscay），緊貼著庇里牛斯山脈西翼的南北兩側，涵蓋西班牙北部和法國南部一帶。

巴斯克人桀驁不馴，向來不服強權的統治，這支民族曾在龍塞斯瓦耶斯隘口，打敗了不可一世的查理大帝軍隊，成就經典史詩《羅蘭之歌》，但這可不是單一事件。自古以來，這個民族爲保持自己的獨立而抗爭，既未被羅馬人征服過，也成功抵制日耳曼人侵襲，即使伊比利半島在阿拉伯帝

跨越厄波羅河的石橋，是朝聖路進入洛格羅尼奧老城區必經之途，右邊的尖塔是 St. Bartolomé 教堂，更右邊的雙塔則是主教座堂。

國長達七百五十年的占領時期，巴斯克也從未失去民族的獨立性。或許，這也說明爲什麼巴斯克人一直想獨立。

傳說中的事件，成爲摩爾人剋星的聖雅各

從納巴拉跨進拉里奧哈自治區，今晚我們的停駐點洛格羅尼奧（Logroño）就是其首府。進城後，從寬敞的馬路及兩旁建築物察覺出這是個龐然的現代化城市。跨過厄波羅河（Rió Ebro）進入該市的老城區，雖然城內有許多名勝古蹟，但躋身在朝聖的潮流中，我想應該優先考慮皇家聖地亞哥教堂（Iglesia de Santiago el Real），不爲別的，就爲一座雕像。

洛葛羅那教堂的聖雅各雕像。

西元八四二年，阿斯圖里亞斯（Asturies）的國王阿方索二世（Alfonso II）[1]逝世，由他的侄子拉米羅一世（Ramiro I of Asturias）繼任。當時伊比利半島正遭受來自北非回教軍鐵騎的蹂躪，信仰基督教的西哥德人一路退敗，僅能守住半島北部的一小片土地。命在旦夕的基督教世界普遍認爲，不久前在聖地亞哥德孔波斯特拉找到的聖雅各，必定會庇護苦難的基督徒。

奇蹟發生在一場關鍵戰役——克拉維霍戰役（La Batalla de Clavijo，西元八四四年）。戰爭前夕，聖雅各托夢給拉米羅一世，他告訴國王，上帝已選派他作爲阿斯圖里亞斯的保護者。隔日，

戰事展開，回教徒挾人數的優勢，基督徒部隊瀕臨潰敗之際，聖雅各突然從天而降，搖身變成英勇的戰士加入戰場，衆人看見他身穿白色閃亮的盔甲、騎著白色戰馬、揮著白色的旗幟，一馬當先殺入敵陣。他所向披靡，摩爾人紛紛人頭落地，使得軍心大振而扭轉了戰局。從此，聖雅各就被賦予「馬塔莫羅斯」（Matamoros）的威名，意思是摩爾人的剋星，也成了西班牙的「主保聖人」。

一尊聖雅各騎著馬揮刀的雕像，就在教堂南門的正立面上，還能見到馬蹄下堆滿一地摩爾人的頭顱。克拉維霍，確有其地，位在洛格羅尼奥南方十六公里處，那附近有個已呈廢墟狀的舊城堡，但歷史學家早證實克拉維霍戰役從未發生，純粹是個虛構的故事。在漫長的復國運動的鬥爭中，這場戰役成功地被塑造成「西班牙國家認同」最強烈的意識形態，成了基督徒驅逐穆斯林的標誌。

儘管「摩爾人剋星的聖雅各」是杜撰的故事，但在百姓的心目中，它就是個精神的寄託、戰士的聖像。在朝聖的路途上，你會不斷聽到、看到各種不可思議的傳奇，恐怕這只是其中之一。

Go for Pinchos！我的初體驗

協助我們入住民宿的是個打扮非常「波希米亞風」的女生，掛滿流蘇的襯衫、打上粗褶的大裙

1 阿方索二世，就是西元八一三年宣布找到聖雅各遺骸的那位國王。

擺、一雙長馬靴，更厲害的是她剃了個大光頭，由於漂亮的頭型並不叫人感到突兀，她笑瞇瞇地說著一口生硬的英語。納悶的是，一向愛找美女拍照的亞瑟，這回怎麼沒見他嚷著要合照呢？

安頓好之後，我便去詢問那位女生，附近可有值得推薦的餐廳。她毫不遲疑地說：「Why not go to bars ? Logroño is famous for its pinchos !」

洛格羅尼奧一向有「The Capital of Tapas」的美譽，擁有全西班牙最好的 tapas bar，只是她也提醒我們，來到西班牙北部就不再叫 tapas，而是改稱 pinchos，在巴斯克地區一般餐廳裡則以巴斯克文寫成 pintxos。

什麼是 pintxos（或 pinchos）呢？此單字的原意有針、刺、竹籤、削尖的木樁，進而延伸爲用竹籤插著吃的食物。不論是食物本身或食物所扮演的社會功能角色，tapas 和 pintxos 其實不分軒輊，只是 pintxos 另有三個特色：

第一，用竹籤（或牙籤）插著吃；

第二，食物常放在麵包上並與麵包插在一起；

第三，吃完後不要隨便丟棄竹籤，結帳時侍者是以竹籤的支數來

左／我們來到 pinchos bar 大量集中的「桂冠街」（Travesía del Laurel）。
右／石板路上的市徽及朝聖路的指示方向。

上中／拉里奧哈的紅酒。**上右**／金黃色的氣泡酒，西班牙語叫 cava。**上左，下**／各式美味的菜餚。

算錢。

著名的 pinchos bars 大都集中在 Calle del Laurel 及 Calle de San Juan 這兩條街上，所以她建議我，不如就近去離民宿只有五分鐘腳程的 Calle del Laurel。她還教了我一句西班牙語「Ir de pinchos」，意思是「go for pinchos」。在當地，若與好友相約喝酒，不會只在一家酒吧吃喝，而是到不同的酒吧續攤。她強調，不同的酒吧，其氛圍及拿手好菜也會不同，而且吃 tapas 和 pinchos 還有一個基本的差異：tapas 是因爲先點了一杯酒，爲了這杯酒所選的佐酒點心；而 **pinchos** 則是先決定餐點，另點適合搭配的酒品。記著：先點菜，再決定酒！

南歐的夏初月夜降臨得晚，過了九點街燈才一一點亮，正值晚餐時間，聞香而來的人潮紛紛湧進窄小的街道。一家接著一家的酒吧，無不使出渾身解數，以招攬沿街張望的食客；有的用大型立牌標示今日特餐，有的用巨幅照片刊登該店的拿手菜色，而我們像極了跑進大觀園的劉姥姥，只覺得眼花撩亂、不知從何下手。最後決定「選店，不如撞店」，進去再說唄！

煙霧繚繞的酒吧裡空間不大，食客們摩肩擦踵、人聲鼎沸，擁擠的吧台前只見機伶的 **bar tender** 接受來自四面八方的點餐聲，而他們居然都不會送錯酒、給錯菜。瞪著琳琅滿目的菜單，我們突然靈機一動，最簡單的方法不就是點導覽手冊[2]上刊登的那一道？既然來到西班牙首屈一指的產酒區，豈能輕易放過品酒的機會？問題是這道點心要搭什麼酒才對味？紅酒、白酒、還是氣泡酒 **(cava)**？

我們在這一家吃一碟、喝一杯，再到另一家叫一小碟、再喝一杯，像夜市趕攤一般，品嚐不同風情的酒吧，和不同的 **bar tender** 及來自各國的陌生朋友打招呼，直到肚子實在裝不下爲止。算一算，我們一共逛了五家店，酒足飯飽，太過癮了！

---

2 我們從聖奧斯丁廣場順手取得了「逛 La Laurel 吃 Pinchos」的導覽摺頁手冊。

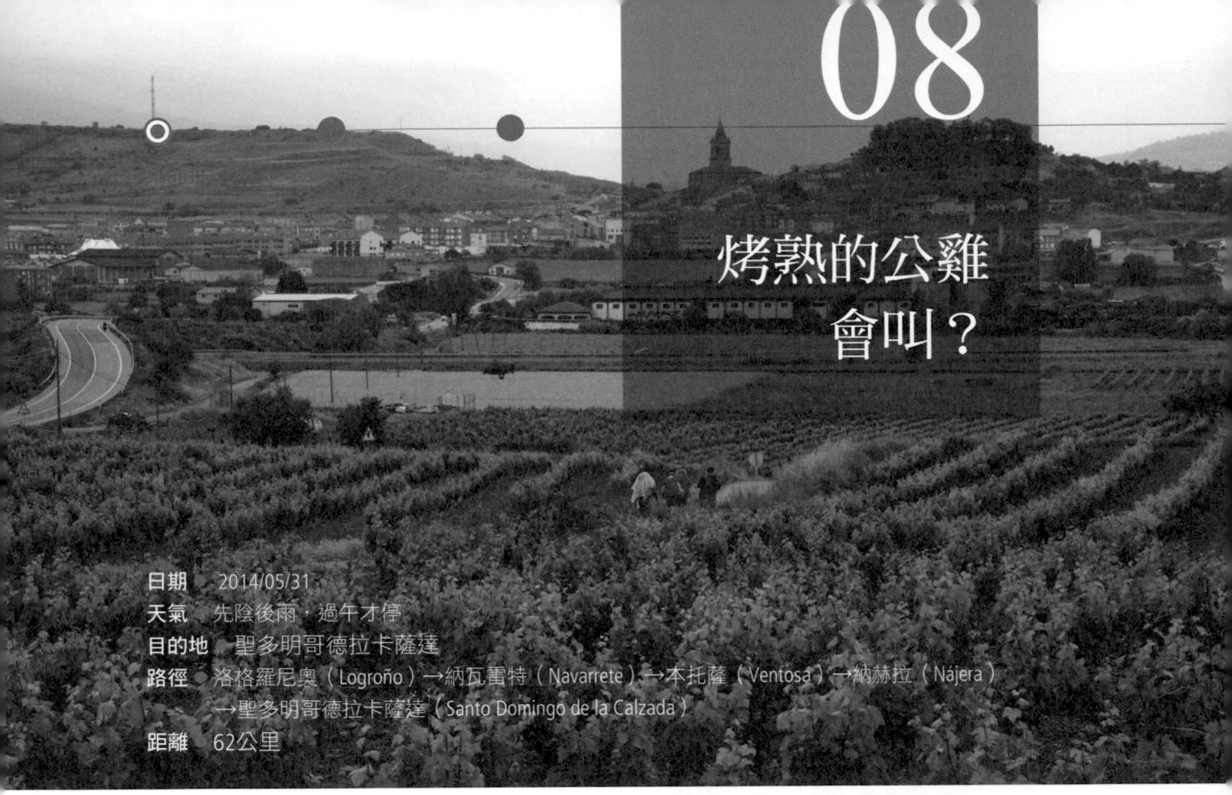

08

烤熟的公雞會叫？

日期 2014/05/31
天氣 先陰後雨，過午才停
目的地 聖多明哥德拉卡薩達
路徑 洛格羅尼奧（Logroño）→納瓦雷特（Navarrete）→本托薩（Ventosa）→納赫拉（Nájera）→聖多明哥德拉卡薩達（Santo Domingo de la Calzada）
距離 62公里

今天是我們旅途上氣溫最低的一天，而且天色不佳，低壓的雲層好像隨時會下雨的樣子。自洛格羅尼奧以後，我們將中止已經騎了兩天的N111公路，改而轉換到N120公路。在市內我們還可以一路跟著地上的貝殼符號出城，一旦到了郊外該怎麼走呢？

幸好，洛格羅尼奧是個大城，朝聖的人多，沿途都可以看到三三兩兩的徒步者，取巧的方法就是一路追蹤他們的身影。於是，跟著他們從大街騎進小巷，穿過住宅區，沿著湖岸騎進樹林，甚至騎了好幾公里的泥巴路。心中暗自叫苦，出發前都沒好好練off-road（越野），沒想到在這裡倒是狠狠地騎了一大段。到了納瓦雷特（Navarrete），總算接上N120公路，那時距離民宿已是十二公里之外了。

過了納瓦雷特，路況起伏不斷，有好幾

個大坡段，加上逆風及下不停的雨，又溼、又冷，有些狼狽。騎過位置高得累死人的小村 Sortes，不得不在本托薩（Ventosa）歇腿、喝杯咖啡。

每天的路程大概都不少於五、六十公里，每當「疲憊惡魔」撲上身的時候，最好的對策就是鑽進咖啡吧、叫一杯 Café solo（Expresso），再倒進好幾茶匙的白糖，又濃又香又有熱量，好比打了一劑嗎啡，立刻又是一條好漢！接下來就要衝高點 Alto Poyo de Roldán，再到納赫拉（Nájera）吃午飯。

天候不佳，而且一路上坡不斷，不但我們騎得辛苦，相信在風雨中徒步的朝聖者也不好過。

總算騎到了納赫拉。

上帝也要睡個長午覺

在十一、十二世紀時，納赫拉曾是納瓦拉王國的王城，和女王橋一樣是朝聖者重要的停駐點。該城最著名的景點就是Monasterio de Santa María de la Real，是修道院亦是教堂，裡頭除了有個優美精緻的迴廊，可供朝聖者徘徊沉思，還存放歷代許多王室成員的石棺及陵墓，彷彿是王室的Panteón（萬神殿），十分吸引人。

在老城區吃過午飯，滿懷期待地來到教堂大門前，居然又是大門深鎖，讓我再次失望。

每到一個新的國家，要適應的不只是當地的氣候、語言、飲食，還有他們日常作息時間。過了晚上八點半之後才可能吃到晚飯，這點尚可接受。但這一路走來，經過許多教堂及值得造訪的古蹟，從正午到下午四點或下午一點到五點，這段時間一律毫不留情地關門休息，我們不知吃了多少閉門羹。只能感嘆，在西班牙午餐時間過後，連上帝也需要睡個長午覺。

聖者之城：聖多明哥德拉卡薩達

過了納赫拉，朝聖者下一個可能的停駐點，通常是二十公里外的聖多明哥德拉卡薩達（Santo Domingo de la Calzada）。這個城市與一位聖人有著深厚的淵源。

早年，城外歐哈河（Río Oja）的兩岸原是一片廣大的沼澤地，對往來兩岸的朝聖者而言是個難以跨越的障礙。而主人翁多明哥．加西亞（Domingo García，一〇一九～一一〇九年）年輕時是個牧羊人，一度想把自己完全奉獻給上帝，卻屢屢遭附近幾家修道院的拒絕，不得已隱遁到河邊的林子裡成了一位隱士。朝聖的人群在過河之前都會在河畔紮營過夜，第二天才渡河。

聖多明哥從他的住處看見朝聖者過河時的辛苦和窘境，於是發下宏願，一生將傾其所有來協助人們完成朝聖的心願。這誓言體現於他完成了一座橫跨歐哈河沼澤的橋，以及修築了許多的道路和橋梁，使他贏得「de la Calzada」的聖名（calzada 即「道路」的意思）。

此外，聖多明哥在河邊搭建了一個簡陋的收容所，提供食物給路過此地的朝聖者。他的善舉遠播，原本各處四散的朝聖旅人逐漸靠攏，起初只是一個落腳過夜的地方，慢慢地，有人就留了下來，此地便漸漸形成聚落。把時間軸再拉長，聚落又逐漸有了市鎮的規模，於是聖多明哥有能力蓋一所較具規模的庇護所。

千百年悠然過去，儘管物換星移，這個庇護所始終保留至今，依舊提供服務給往來的旅人，只不過，如今它成了要收費的高級國營旅館（parador）。這個城市因聖多明哥而生，也與朝聖息息相關，以聖人之名為城市命名實不為過。

主教座堂 Catedral

主教座堂（Catedral）和國營旅館都位在市中心的聖人廣場（Plaza de Santo），兩者隔著廣

場面對面。教堂內部是由白色帶點粉紅的砂岩建構而成，高大明亮。石柱高聳巨大，有如石化的棕櫚葉在拱頂分開交錯。內殿爲三開間式，具拉丁十字的平面設計。這教堂（始建於一一五八年）和其他年代悠久的宗教建築一樣，歷經多次整修，免不了摻入不同年代風格相異的元素，雖然有些紛雜卻不礙眼。

若從西邊多層向內凹陷的半弧型大門入口和東側後殿的迴廊來判斷，仿羅馬式恐怕是最原始的結構，但高聳的中殿擁有交叉拱肋的拱頂和尖拱圈，又有強烈的哥德式風格。兩側的廂堂裡有著許多造型不同的小禮拜堂，祭壇後面的屏風和唱詩班席位則是華麗非常的巴洛克式，而擁有三具聖人雕像的南大門，顯然是文藝復興式的成品，最奇特的是它擁有一個六十九公尺高、卻與教堂本體分離的巴洛克式鐘塔。我一進門就急著找尋聖多明哥的陵寢，去崇敬這位窮其一生之力爲朝聖者造橋修路的聖人。

左／聖人廣場上的主教座堂及其鐘塔。
右／主教座堂的南大門，又稱 Santo entrada，因為大門上有三個聖人。

左／教堂內一尊朝聖者的塑像。中／聖多明哥的塑像。右／聖人的陵寢。

聖人的陵寢位在南側翼廊的禮拜堂內。陵寢被高大的柵欄圈圍住，參觀者只能從柵欄的間隙端詳。這個石雕的陵寢其實只是紀念碑，眞正存放聖人遺骸的棺墓在陵寢正下方的地窖裡。他躺在石床上，面容安詳，雙手交叉胸前，身軀四周有六個天使陪伴，色澤溫潤的雪花石膏十分吻合心地柔軟的聖人。石床被一個華蓋所籠罩，這個華蓋擁有哥德式的尖拱圈再搭上配繁複的邊飾，甚是華美。支撐墓碑的基座上刻有許多的浮雕，敘述聖人的生平、善行及發生過的種種神跡。

公雞和無辜者的傳奇

聖多明哥最出名、最離奇的就是「公雞和無辜者」的傳奇了。不知情的造訪者在教堂內聽到公雞的啼叫聲，一定會嚇一大跳，無法置信教堂內竟然允許豢養雞隻。但千眞萬確，就在聖人陵寢同一側的翼廊壁架上，有個鍍金的華麗籠子，頂端是半圓形的花窗和哥德式尖塔的半圓形拱頂。襯著柔和的淡黃色燈光，一隻公雞和一隻母雞住在全世界最美麗的雞籠中，提醒世人這裡發生過的一樁奇蹟。

某日，一對來自日耳曼的夫妻和他們的兒子，在朝聖的路途上來到了聖多明哥城，投宿在一家客棧。客棧老闆的女兒看上了這位兒子，並向他示愛，卻被拒絕；女孩因惱羞成怒就誣諂男孩偷了客棧的銀器。在當時，偷竊要被判處絞刑，後來男孩果真被判了絞刑，官府還將遺體高掛在絞刑台上，以求殺雞儆猴之效。這對夫婦投訴無門，只好傷心地再踏上朝聖之路前往聖地雅各。

過了些時日，這對夫婦完成朝聖，回程再度來到這個傷心地，萬萬沒想到他們的兒子仍掛在絞刑台上，卻奇蹟般地活著。男孩見到雙親便興奮地大聲叫道：是聖多明哥保佑讓他復活，並請父母趕快去向市長求情、放他下來。受到驚嚇的夫妻倆火速趕去官邸，這時市長正在晚宴，他聽了大笑說：「如果你兒子還活著，那我餐桌上這隻烤雞也會復活了！」話才說完，烤雞突然活了過來，不但長出羽毛還鮮蹦活跳，一邊啼叫、一邊跳下餐桌跑出屋

左／雞籠中隱約可以看見兩隻白雞。**右**／全世界最美麗的雞籠。

外，消失在遠處。從此，這座教堂就飼養了這些雞隻。

碰巧的是，兩年前我在葡萄牙北部的城市巴塞羅斯（Barcelos），也聽到過類似的傳奇。[1]城市裡的公共藝術不但有各種彩繪公雞，公雞圖案的商品也廣泛地出現在地攤及藝品店裡，公雞儼然成了該城市的符號。將故事兩相比對，相似度竟是如此的高：都是發生朝聖路上的客棧裡，也都是被誣陷，遭受到不公平的審判而冤死，而且都藉由一隻烤熟的公雞洗刷罪名。

從故事裡我看出一些端倪：在古代，朝聖是非常危險的行為，除了餐風露宿之外，在不見天日的森林裡可能中埋伏，或者被攔路打劫而失去性命；即使到了城市，陰暗的角落裡也躲藏著鼠輩及狡詐的狼和狐狸，視朝聖者為路過的肥羊伺機而動，危險程度不下於盜匪。

理性或感性

要是在過去，每當我聽到這類有悖常理的傳說時，大概會嗤之以鼻：「迷信、胡扯！這故事是怎麼編出來的呀？怎麼會有人相信呢？」但如今我身在這條已有千年的古道，走過許多自中世紀就存在的村鎮、教堂、古蹟，天曉得有多少我從不知道的歷史會經過眼前，有多少我從不曾聽聞過的

1 巴塞羅斯有「公雞之城」的稱譽。朝聖路「葡萄牙之路」（Camino Portugués）會經過此城。

傳奇會鑽進耳朵？我好奇的是，該不該去釐清所有接收到的訊息，究竟哪些是信史而哪些是傳說？哪些屬於眞實的事蹟，而哪些只是神跡？

人文主義者所定義的「中古世紀」，一般是指希臘羅馬古典時期與文藝復興啓蒙之間的「黑暗時代」，這段期間的歐洲沒有一個強有力的政權統治，而封建割據帶來頻繁的戰爭，造成教育、科技和生產力發展停滯，百姓生活在毫無希望的痛苦中，宗教便成了唯一的精神寄託。

大部份的百姓是文盲，教會是知識唯一的來源。當王室貴族抓緊了教會，本該淨化人心的宗教卻能轉個彎來爲政治服務，或成爲政治的宣傳工具。於是，千年來行蹤成謎的聖雅各遺骸，突然間在星光的指引下就被人尋獲了；不知受誰的教唆，使得吟遊詩人在傳誦《羅蘭之歌》時，凶手悄悄地換成了敵對的穆斯林；也不知爲何烤熟的公雞，竟會啼叫去幫助無辜的人申冤……。有需要時，傳說也可以複製套用在另一個不同的時空地點。

在這中世紀的氛圍中，我慢慢理解在那個時代「聖人崇拜」爲何如此盛行，而神跡、奇蹟又是如何地激勵人心，也深刻體認到走在朝聖路上，所有理性的思考需要暫時被擱置在一邊。我相信，在之後的旅途上，還有更多的神話、英雄、聖徒、騎士、傳奇等著我。

09

布爾戈斯，令人驚喜的邂逅

日期 2014/06/01
天氣 晨陰雨，午後放晴
目的地 布爾戈斯
路徑 聖多明哥德拉卡薩達（Santo Domingo de la Calzada）→貝洛拉多（Belorado）→蒙特斯德奧卡自由鎮（Villafranca Montes de Oca）→布爾戈斯（Burgos）
距離 74公里

天氣一如昨日的溼冷陰沉，還間歇地飄著些小雨。聰明的浩苓把旅館提供的浴帽套在單車頭盔上，防止雨水淋溼頭髮。出城前騎著單車繞了舊城一圈當作最後的巡禮。N120是條繁忙的公路，來往的車輛甚多，吵雜的汽車呼嘯聲一路伴隨。

天氣真的冷颼颼，然而當我們跨過拉里奧哈區與卡斯提亞・萊昂區（Castilla y León）兩區交會之處，卻又令人熱血沸騰，距離我們的目的地——聖地牙哥德孔波斯特拉更加接近了。

在貝洛拉多的意外收穫

來到貝洛拉多的時候，心想已經騎了近兩個鐘頭，該是補充能量的時候了。我在一個靠近城門、視野開闊的路口停了下來，招

左／卡斯提亞．萊昂區的界碑。**右**／從拉里奧哈區正要跨入卡斯提亞．萊昂區，更加接近聖地牙哥。難掩興奮之情，我和亞瑟兩人用食指尖作出第三類接觸的手勢，以示兩區「接壤」之地。

呼陸續抵達的伙伴，向他們示意休息一下。接著，詢問路人哪裡有咖啡吧，路人指了指小公園旁邊的城門，說城門內就有好幾家。順著手指的方向，我才進到城門口就像發現新大陸一般，立刻回身呼喚伙伴過來。

廣場的入口處擺設了好多攤子，有起士、香腸、臘肉及各式農產品，我原先以爲正好趕上某個市集，但更深入裡頭，發現這裡可不是普通的市集。前方迎面走來一對身穿中世紀服飾的年輕男女，笑盈盈的，好似歡迎我們的到來。

時空錯亂，讓我一時看傻了眼，連一句「Hola !」都忘了回應。緊接著，又看到兩位美麗少女好整以暇地坐在堆得高高的麥草堆上，也是笑嘻嘻地看著我。環顧四周，整個廣場布置得像是準備就緒的舞台，只待觀眾就座。還沒弄清楚狀況之前，一位好客的「中世紀婆婆」拉著我們到她的攤位，在那吃著免費招待的熱麵包沾巧克力醬、喝著熱巧克力。

這時，突然傳來熱鬧的擊鼓聲。只見一隊穿著「古裝」的鼓手緩緩地走出來，熱鬧激昂的鼓聲吸引了所有人的目光，我放下手中的麵包和巧克力，趕緊提著相機靠了過去。

哇哈哈！一群混裝、環肥燕瘦的組合，再仔細看，有的打扮成村婦、有人是僧侶、士紳、農夫、牧羊女……全都是庶民打扮，從他們打鼓的架勢和技巧看得出這是一群臨時成軍的隊伍。原來，我們糊裡糊塗地闖進正在舉行慶典的村子。

隨著擊鼓隊環繞廣場數圈之後，我實在想弄明白這到底是什麼節慶，於是直奔遊客中心。兩位服務人員的英文都不太流利，受限於語言的障礙，我不是聽得很明白，只能抄下了幾個關鍵字，知道慶典名稱是「La Feria Alfonsina」（阿方索博覽會），回台灣後查了資料，才拼湊出一點輪廓。

這個慶典不但有近九百年的歷史，而且貝洛拉多還是西班牙境內第一個擁有自己節慶的城市。它是個兩天的節日，落在每年六月的第一個週末。

談到 La Feria Alfonsina，就必須介紹阿方索一世（Alfonso I，一〇七三～一一三四年），他是亞拉崗及納巴拉國王，是西班牙收復失地運動的代表性人物，在對穆斯林的作戰中，屢次贏得重大勝利，最後在一場戰役中身受重傷而死，史稱 Batallador（身經百戰的戰士）。

當時，在貝洛拉多住著許多猶太人及法蘭克人，他們都是高明的

左／鼓聲震天，一隊中世紀的鼓隊走進廣場來。**右**／匆匆進入城門內尋找廁所，不料前方走來一對身穿中世紀服飾的年輕男女對著我笑，我竟不知該如何反應。

工匠，所以此地的手工業相當興盛。阿方索一世有意將這個城市轉變成該區的工業櫥窗，於是在一一一六年頒布法令，讓貝洛拉多擁有每年舉行慶典的權力。藉此激勵當地的工商發展，讓農夫、牧人、鐵匠、木匠、石匠們能歡慶一年的辛勞與收穫，並在廣場上擺攤，對鄰近鄉鎮的百姓展售產品；若按現代人的說法，這個城市就是擁有開設「商業博覽會」的特權。誰會料到一個人口只有二千出頭的小村子，居然有著歷史長達九百年的慶典，我們能遇上它，眞是意外的收穫。

朝聖路上的偶遇

跨上鐵馬，繼續西行，又騎了近十五公里來到蒙特斯德奧卡自由鎮（Villafranca Montes de Oca）。看看時間，該是吃中飯的時候了。公路旁有片空地，邊上就有家小餐館——新黎明餐廳（Nuevo Mesón Alba），可能不久前才下過雨，黃泥巴的空地上還留有幾灘積水。餐館前擺放了好幾輛越野摩托車，空地的周邊也胡亂停了幾輛大卡車。

推開門，魚貫而入，店裡頭熱呼呼的，和外頭的天氣有著天壤之別。店裡空間不大，幾張小桌都有人坐，我們只好分散與陌生人共桌。成串的大蒜球、火腿、臘腸粗獷地掛滿餐廳的牆面，只有一位年輕小姐跑堂兼掌櫃，是個溫馨小店。人雖多但也只聽到嗡嗡低沉的交談聲與刀盤的碰撞聲。

待我適應了新環境，便開始注意身邊的食客。中央併桌而坐的那群年輕人，顯然就是越野摩托車的主人，各個身材高大、金髮褐眼、皮膚白皙，身上穿著黑色厚重的摩托車護甲，像極了穿著盔

左／在新黎明餐廳門前的合照。（淑芬提供）**右**／午餐的份量不小。

甲的中古騎士。他們圍著一位漂亮的女士邊吃邊聊，從聊天的內容得知他們來自東歐，也正在朝聖的路上。

跑堂小姐終於過來問我們要吃什麼？但這家餐廳不給菜單，一時之間不知該如何應對，我只好站起來朝各方桌上的餐盤張望，然後指著東歐騎士的餐盤說：「The same」，接著她問：「All of you?」底下跟我一掛的大叔們都跟著我一起點頭。當餐點端上來後才暗自叫苦，這幾位東歐騎士的食量怎麼這麼大：滿滿一盤的火腿、臘腸，再加兩顆荷包蛋，還有一杯家釀酒。

那幾位東歐騎士吃飽離開後，餐廳頓時輕鬆下來，不再那麼擁擠。我突然注意到艾瑞克和亞瑟，不知何時已經悄悄地把自己的餐盤和酒杯，都挪移到那位漂亮女士的身旁。這位女士十分健談，知道我們今晚會住在布爾戈斯，便推薦曾經吃過的某家餐廳；她用誇大的聲調和表情，述說那家餐廳的烤羔羊是如何的味美。

藉著這美味的烤羔羊迅速地拉近了雙方的距離，艾瑞克探聽出她是美籍義大利裔的天主教徒，向公司請了假來走朝聖路，但假期有限，並未打算走全程。亞瑟則套出了她的來歷，原來她曾到上海學中文，如今是《紐約時報》的記者。我問她來朝聖的動機，她毫不隱諱地說：「已經有好長的一段時日，不論是她的生活、工作和與親人之間的關係，都出現了嚴重的問題，她希望在人生不如意的時候，獨自一人以徒步的方式，好好整理自己並思考人生的下一步。」

在朝聖路上，遇到初識的朝聖者，總離不開詢問對方的動機：「爲什麼要來走朝聖之路？」答案不外乎與宗教、心靈、文化、個人健康這四大類有關。不過我亦發現，朝聖之路原始的宗教意涵，加上長途跋涉的苦行意象，對於在現實生活中感到困頓的現代人，產生了莫大的吸引力。這些苦悶的人逐漸成爲朝聖路上主要的族類，他們希望在曠野中、在風雨中、在獨處時的思考中找回自己，渴望把複雜紛亂、糾纏不清的現實生活清理出一絲頭緒。

離開餐廳時，望著這位聰慧又帶著迷惘眼神的女士，讓我想到了路上諸多踽踽獨行的背影，除了佩服他們的決心和毅力之外，亦希望他們眞的能夠在心靈上獲得賜福和解脫。

聖人的神跡與教堂

今天的路況有點像一整天的際遇，高潮迭起，一波比一波來得高，但我指的是地勢，尤其是從海拔七六〇公尺的貝洛拉多到一一五〇公尺的卡爾內羅高點（Alto de Carnero），這是一條長緩坡，爬坡的距離約爲二十六公里，若照平日的體能，這根本算不了什麼，但今天已是騎車的第六天，身體內累積了太多的乳酸，我已經疲態百出。

來到N120公路的一處分岔點，我和淑芬決定拐進一條鄉道，前去聖約翰．奧爾特加村（San Juan de Ortega），但其他三人對這段來回至少八公里的路程——只爲了一座修道院和庇護所，皆表示興趣不大。

這是旅程中我們首次分道而行。幸好，出發前彼此就有共識：只要不給伙伴添麻煩，不要讓自己陷入險境，各自單獨的行動理應受到尊重，讓每個人在自助旅行之中，擁有某個程度的彈性和自由。

我和淑芬要找尋的，是一座已有八百多年歷史的修道院及其旁的庇護所，這兩者的來頭皆不小。聖約翰的本名是Juan Velazquez[1]（一〇八〇至一一六三年），是前面提到的聖人聖多明哥的門徒。他一生追隨聖多明哥，也到處修路、搭橋、蓋醫院、蓋庇護所，幫助朝聖者前往聖地雅各，死後亦被封爲聖人。

在聖多明哥去世之後，他去了一趟耶路撒冷，回程時他的船陷入暴風雨之中，就在船即將沉沒之際，他向巴里（Bari）的聖尼古拉[2]求助，那時他正把聖尼古拉的聖髑帶在身上，準備攜回西班

1 西文裡的San Juan，即是英文的Saint John及中文的聖約翰。

2 米拉城（位於今土耳其境內）的主教，是聖誕老人的原型。一〇八七年，他的遺骨被遷到義大利的巴里，所以也被稱作「巴里的聖尼古拉」（San Nicolás de Bari）。

牙。他禱告，如果聖尼古拉救他，他會盡畢生之力去幫助朝聖者。平安返抵之後，他選擇了地勢險惡、盜匪頻繁，被朝聖者視爲畏途的Montes de Oca作爲還願的地點。他清除雜草荊棘、排除障礙、修築道路，並在各方資助之下，於一一五〇年在此蓋了一座修道院，並把修道院內的教堂獻給聖尼古拉。

當聖多明哥被尊爲土木工程界的保護聖人（應該和他致力於築路造橋有關），聖約翰則被奉爲小孩及不孕婦女的保護者。

聖約翰會得到這般的崇敬與幾個神跡有關。首先，當他的棺木被打開時，有群白色的蜜蜂飛了出來，圍在棺木四周的人們都聞到一股淡雅的香氣（許多聖徒都有類似的記載）。人們相信這些白蜂都是該投胎而未投胎嬰兒的靈魂，暫由聖約翰守護著，遇到信仰虔誠而不孕的婦女，才會讓白蜂去投胎轉世。

正前方是歷史悠久的修道院及庇護所。

聖人的陵寢擁有華麗的歌德式的華蓋。

另一則傳說則加強了其可信度：一四七七年，結婚七年卻一直不孕的伊莎貝拉女王（Isabel I de Castilla），來到聖約翰的墓前祈禱，不久就傳出女王懷孕的喜訊，接連生下一男、一女。女王在感激之餘，將這兩個孩子都以聖約翰之名命名，男孩叫 Juan，女孩則是 Juana，並拿出一大筆錢將聖尼古拉教堂翻新。

聖尼可拉斯教堂內有許多雕刻精美的柱頭，最爲精雕細琢的還是聖約翰的陵寢，它和聖多明哥的陵寢相似，都擁有歌德式的華蓋。在殿堂與墓前不知發生了多少難以解釋的神跡：一對朝聖途中不幸喪子的夫妻奉上手中僅有的蘋果，讓懷裡死去的孩子復活並吵著要吃顆蘋果；讓需要拐杖的人丟棄拐杖；讓身有殘疾的人重新站起來。

走出教堂來到廣場旁的庇護所，廣場上已有幾位準備投宿此地的朝聖者，其中有位東方臉孔的老先生，友善地招呼我們與他同桌共享咖啡。他是位日本人，七十餘歲，英文不太靈光卻頗爲健談。

老先生告訴我們，這是第三次來到法國之路；第一次是五年前與老婆一起來，從聖讓皮耶德波爾起步，走完全程，從此愛上這條路。由於老婆的膝蓋有問題，後來他只好獨自一人過來，這一次打算走到布爾戈斯。他說：「不管我走得完或走不下去，一切都無所謂；重點是，我能樂在其中。」看得出他一路風塵僕僕，眼神卻炯炯有神，我不禁想，每天和不同的旅人萍水相逢，對不同的人生有了短暫卻深刻的體悟，我很感激，在這條路上，我收穫的遠比預期的更多。

布爾戈斯的雪菜肉絲麵

揮別日本老先生後，我們快馬加鞭直奔布爾戈斯，與其他三人會合。大都市裡繁忙複雜的交通，一向是初訪者的夢魘，所幸我們有浩苓，到旅館的地圖早就已經深刻地印在他的腦袋瓜裡，那怕路途千迴百轉，跟著他走準沒錯。

傍晚，靠著艾瑞克敏銳的鼻子在街角找到一家中國餐廳。進了門才發現店裡頭燈光暗淡，喊了幾聲「有人在嗎？」一位中年的東方婦人才從後面走出來。於是我們大膽地用中文問：「老板娘，你們今晚做不做生意？」對方回：「做、做，眞不好意思，我們正在吃飯」。

當我們打開菜單點菜時，發現這餐廳點這個沒有、點那個缺貨。失望之餘正打算站起來走人之際，腦筋一轉，我沒好氣地問：「那你們晚飯都吃些什麼？」她答：「吃麵，我們吃雪菜肉絲麵。」我們幾個立刻眼睛一亮，喜出望外地說：「那也給我們來碗雪菜肉絲麵，要大碗的，五碗！」

對於久未嘗到家鄉味的我們，一碗再簡單不過的雪菜肉絲麵就令人熱淚盈眶。唉！幾個大叔都有個中國胃。吃麵時，和老板娘閒聊，知道他們一家人是由溫州來此落戶，開餐廳營生已經有五、六年了，但生意一直不起色。我心底倒想問老板娘，當初你們爲什麼會選擇這個地方落腳呢？要不是來西班牙騎這一趟，我還眞的不知道世界上有布爾戈斯這樣一個城市呢！

10

Spain

布爾戈斯——席德的城市

日期 ● 2014/06/02
天氣 ● 晴天
目的地 ● 布爾戈斯

甩開多天來的陰霾，太陽終於露臉使得大伙的心情都特別好，今天休兵不騎車，打算在布爾戈斯作一日遊。

從旅館走出去沒多遠，就看見莊嚴的聖母瑪利亞拱門（Arco de Sta. Maria），這本是布爾戈斯中世紀的舊城門，十六世紀重建時採用了本地所產的白色石灰石，藍天白雲之下顯得明亮耀眼。城門的兩側是半圓柱體的塔樓，加上城門上方眾多的小塔樓，突顯出城堡原有的禦敵功能，讓我意識到這城市和中世紀深厚的關聯，也提醒了我布爾戈斯可說是席德（El Cid）的城市。

世界遺產級的主教座堂

穿過城門，這城市最出色的建築物就在眼前：布爾戈斯的主教座堂。論其規模，在

上／中世紀時，聖母瑪利亞拱門是進入古城最主要的城門。
下／眼前的主教座堂是這城市最出色的建築物。

西班牙境內只能名列第三，在它之前，還有托雷多（Toledo）及塞維亞（Sevilla）兩地的主教座堂，卻是三者之中唯一被列入世界遺產。

教堂內部是拉丁十字結構，內部空間寬廣。擁有三個開間，正殿與左右兩個側廊之間，由巨大的石柱連拱所隔開，高聳的石柱搭配縱橫交錯的拱肋、拱頂，讓眼睛和身體感受到建築的魅力。中世紀教堂建築師無不挖空心思讓參訪者心生驚嘆，這教堂的確作到了！

從南側翼廊開始，經過祭壇、唱詩班席位，深遠的空間似乎永無止境，我熱切地四處觀看，最精彩的莫過於環繞殿堂四周的禮拜堂，各個都是精雕細琢，有的禮拜堂其規模之大已足以稱作教堂中的教堂。有些雕塑、聖物、肖像隱匿在黑暗之中，偶有導遊打開某個祭壇上方的燈，燈亮時一切皆閃閃發光，燈熄的剎那，聖像的金光似乎依舊留在眼簾裡。我像個孩子般，好奇地走過

主教座堂內的八角形燈籠圓頂，高五十四公尺，連腓力二世都讚嘆：「It is the work of angels, not men.」

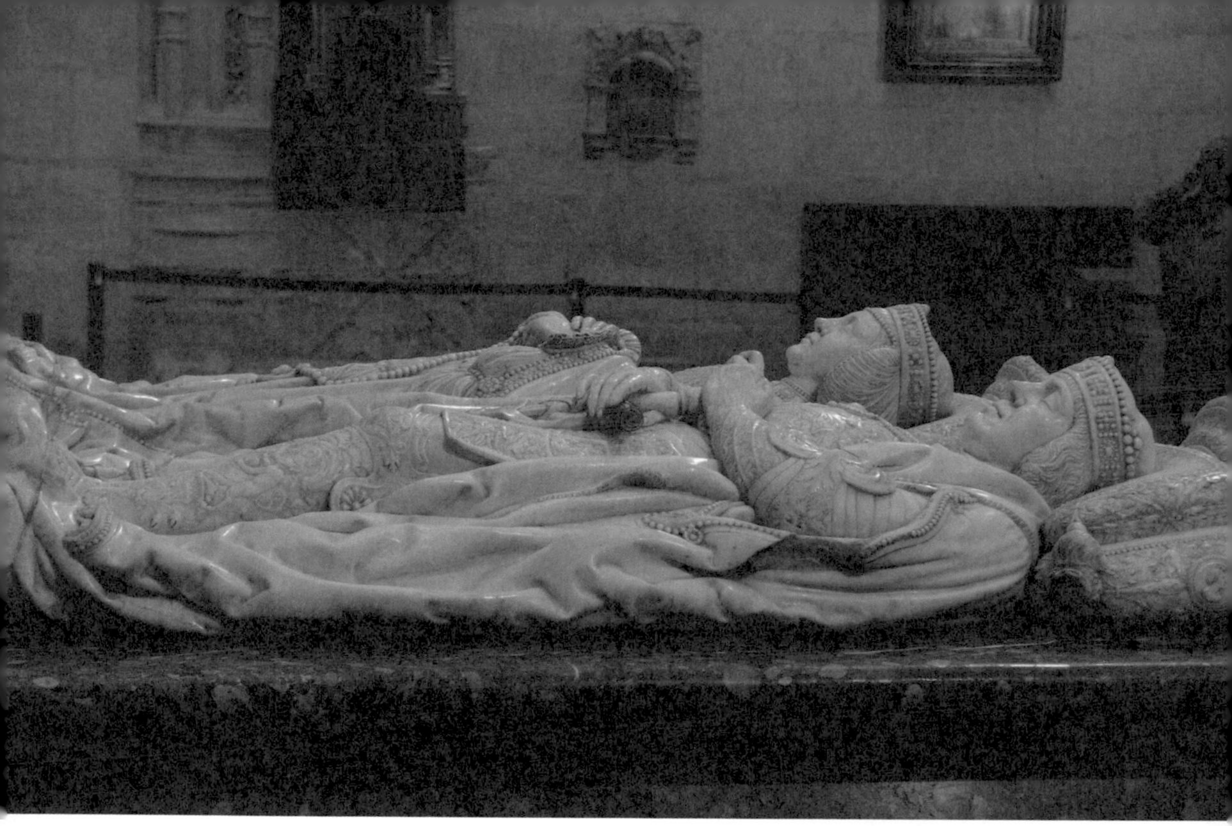

上／聖母受孕禮拜堂（Capilla de la Concepción）的屏風。屏風前是主教 Acuña 的石棺。**下**／柔滑的大理石保存了對這對貴族夫妻的記憶：豐潤的面頰、長袍上的褶痕、冠冕上的珍珠，真是栩栩如生。

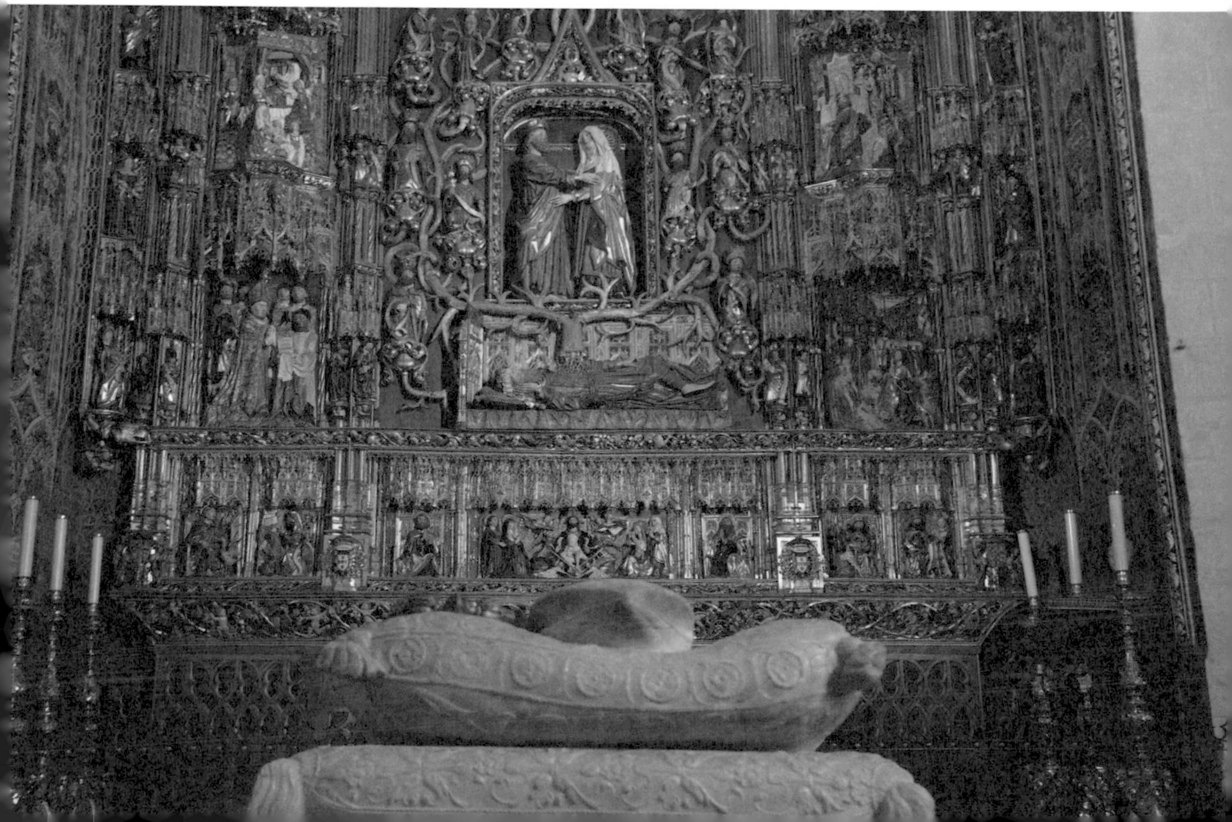

這一連串的禮拜堂，其金碧輝煌、熱鬧繁密的程度令人咋舌。

在教堂中殿與翼廊交會的正上方，聳立著五十四公尺高、華麗炫目的八角形燈籠圓頂，正下方安放著西班牙民族英雄席德及其夫人希美娜的墓碑，占據著教堂的核心位置，享受如國王及王后等級的尊榮。

西班牙的民族英雄

「席德」是個尊稱，眞正的名字是羅德里哥．狄亞斯（Rodrigo Díaz de Vivar，一〇四三～一〇九九年），他出生於靠近布爾戈斯的小城，畢巴爾（Vivar）。雖然只是個普通的貴族騎士，卻是天生的戰士與領袖。中世紀時，西班牙的基督徒與摩爾人一直處於交戰狀態。當時的伊比利半島分爲摩爾人占領區及基督徒占領區，各區裡各有無數的小王國，情況類似春秋戰國時期：合縱連橫是生存的手段，有時彼此聯盟去攻打「異教徒」，有時又彼此相互爭鬥搶奪城池地盤。

由於羅德里哥卓越的軍事天分，被摩爾人尊稱爲El Cid（有「大人」或「首領」的意思），最後大家便直接稱他「席德」。從某個角

左／主 座堂內美麗的修道院迴廊。**右**／懸掛在通往迴廊走道上的席德畫像。

度上看，席德的角色和法國的羅蘭十分相似，羅蘭有《羅蘭之歌》，席德則透過《席德之歌》（Cantar de mio Cid）將他的生平透過口述與傳頌的方式遠播至卡斯提亞國境之外，使他成爲基督教騎士的標竿、對抗摩爾人的英雄。他在西班牙的復國運動中（Reconquista）扮演了關鍵的角色。

十一世紀後半葉，席德被卡斯提亞王國斐迪南一世招攬入宮，並被指派去輔佐斐迪南的長子桑喬二世。但不久之後，斐迪南去世，兩位皇子爭奪帝位，席德旋即捲入兄弟之間的內戰，最後桑喬被刺，席德逼新王阿方索六世在大庭廣眾前發誓沒有刺殺桑喬，因而得罪新王被判終身放逐，於是他轉而投效薩拉戈薩（Zaragoza）摩爾國王的帳下，去對抗他過去的盟友巴塞隆納伯爵、亞拉岡國王、納瓦拉國王；也就是在這段期間，讓他得到了「席德」的尊稱。

不久，來自非洲摩洛哥的回教徒阿摩拉維德（Almoravid）興起，很快地收拾了在西班牙半島上的伍麥葉王朝勢力。新興的阿摩拉維德人給基督教王國帶來莫大的壓力，阿方索六世迫於時勢不得已與席德握手言和，席德再次與基督徒攜手合作。他又回到薩拉戈薩，並致力於征服瓦倫西亞摩爾王國的工作，至此席德不但表現了騎士的美德，也因他運用謀略成功攻下瓦倫西亞，顯現出非凡的政治智慧。席德在去世之前，一直領導基督徒各個諸侯，共同抵抗來自阿摩拉維德回教徒的侵犯。

西班牙自西元七一一年起遭摩爾人入侵，之後一直忙於重整基督教勢力對抗摩爾人，無暇加入十字軍東征；雖然如此，以席德爲主角的《席德之歌》，以史詩歌詠民族英雄驅逐異教徒的偉大事蹟，並紀錄了那個時代的騎士精神，這些，都在不久之後的十字軍東征中發光發熱。

漫步在古城中

走出教堂，戶外陽光燦爛依舊，廣場邊上的咖啡座散發出淡淡的悠閒韻味，富裕的布爾戈斯擁有眾多的教堂及紀念碑，但都比不上阿蘭蓉河（Río Alanzón）河畔的綠蔭步道，那股濃濃的春天氣息叫人忍不住想在樹蔭下小坐片刻。

阿蘭蓉河畔有座席德的銅雕，銅像立在馬路中央的圓環上。圓環雖小但席德銅像的氣勢沛然浩大，有如一個巨人，全身披掛、雄糾糾地騎在戰馬上，迎風飛揚的斗篷宛如飛翼，頭盔下的眼神有如手中的長劍，銳利地直指前方，彷彿有支無形的軍隊正迎向他而來，和主教座堂壁畫中一派斯文的席德迥然不同。

如今，布爾戈斯已經成功地將席德轉化爲城市的重要觀光資源，市區內到處可看到席德的雕像或紀念碑，也有不計其數以席德爲名的旅館、酒吧、餐廳。無意間，在馬路邊看到了一面告示牌，我仔細地閱讀後，才知道西班牙除了有「Camino de Santiago」（聖地牙哥朝聖之路），還有這一條專爲紀念席德的「Ruta del Cid」（席德之路）；根據史詩《席德之歌》裡的敘述，將席德生平的足跡：從其出生地畢巴爾開始，途經卡斯提亞．萊昂、卡斯提亞—拉曼查、阿拉貢，直到去世之地的瓦倫西亞爲止，串接成一條席德的文化史蹟旅程。告示牌上更點明了席德在布爾戈斯裡涉足的幾個重要地點。心想，何不就順著這條「席德之路」的指示走一趟，多認識一些《席德之歌》裡的席德呢？

美味的烤羔羊

傍晚趕回旅館和其他伙伴會合，今晚要去吃烤羊肉。還記得那位《紐約時報》的女記者嗎？她介紹的燒烤店「Restaurante Asador Casa Azofra」距離旅館不到三公里，騎個車就可輕鬆到達。

這家店號稱是全西班牙頂尖燒烤店之一，果然名不虛傳，門牆上懸掛著大大的西班牙農畜產品的國家認證標章。當坐定之後就了然於心，我們來到了一家高級餐廳，不自覺地拉了拉衣襟袖口，讓自己不要顯得那麼風塵僕僕。

這裡不但擁有寬敞明亮的餐廳，桌面擺設也相當雅致。經過服務人員

這是一家頗負盛名的燒烤店，最著名的是烤羔羊。門口停放的正是我們騎來的五部腳踏車。

左／美味的烤羔羊端上來囉！（淑芬提供）
右／本地傳統釀造法釀造、冰透了的氣泡酒。

的介紹，我們點了三人份的烤羔羊、生菜沙拉及當地的新鮮起士。酒單送來，伙伴們推舉我挑選酒，我毫不手軟地點了一瓶以本地傳統釀造法釀造的氣泡酒。趁著上菜前的空檔，我跑進廚房火爐邊觀看，廚師將羊肉放在炭火上的鐵架，高溫的炭火立刻把羊肉炙得滋滋作響，油脂隨即噴流在鐵架上，發出陣陣誘人的香氣。

酒來了，菜也到齊了。一面品嚐鮮嫩多汁的羔羊肉，一面啜飲沁透冰涼的氣泡酒。我們漫無邊際地聊著，談著近日旅行途中的種種見聞和感受。心中不再惦記正午時刻的驕陽或是令人生畏的長陡坡。眼前的美食、佳釀，令人有種時間靜止的悠閒之感，一股莫名的幸福感油然而生，提供了我片刻的美好時光。

Spain

11

六月的梅塞塔有點憂鬱

日期　2014/06/03
天氣　大晴天，高原上風大，偶有頂風
目的地　卡里翁德洛斯孔德斯
路徑　布爾戈斯（Burgos）→塔達荷斯（Tardajos）→翁塔納斯（Hontanas）→聖安東（San Antón）→博阿迪賈德卡米諾（Boadilla de Camino）→佛羅米斯塔（Frómista）→雷文加德埃波斯（Revenga de Campos）→卡里翁德洛斯孔德斯（Carrión de los Condes）
距離　108公里

一旦離開布爾戈斯往西，很快就要進入被朝聖者視爲畏途的梅塞塔高原（Meseta Central）。梅塞塔的平均高度介於六百至七百公尺，地形的高低起伏暫且不談，比較令人擔憂的是嚴峻的氣候。由於高地上季節更替頗爲極端，冬天酷寒，夏天則酷熱。六月初已進入初夏，再加上今、明兩天正好是騎車距離最長的兩天，因此出門前我們相互提醒要把水壺裝滿。

遺失的朝聖護照

一早出了旅館，順道要去拜訪Monastery at Las Huelga。不料到了修道院門口，才發現我們來早了，若在平日也要等到早上十點半才會開門迎客，我們只好在欄杆外張望。

待我再回到停放單車的地點時，卻發現

艾瑞克及浩芩兩人還留在原地，且浩芩正焦急地翻弄他的行李，艾瑞克則無語地站在一旁。原來浩芩發現他的朝聖護照不見了。我和亞瑟不約而同地問：「什麼時候丟的？在那裡丟的？」浩芩自己也不清楚，只記得早上在旅館整理行李時還看見過它。

眞是晴天霹靂！難怪浩芩心急，換作是我也會很傷心，因爲過去七天，大家一路上歡天喜地收集近三十枚的戳章，不但從此一筆勾銷，而且沒了朝聖護照，恐怕也領不到朝聖者證書了[1]。

看到浩芩如此沮喪，大伙也不知從何安慰起，艾瑞克好心地說：「我的這本讓給你，有沒有它我無所謂！」但浩芩說什麼也不肯接受這份好意。我腦筋一閃，突然想起：除了起點「聖讓皮耶德波爾」之外，沿途主要城市的官設庇護所也會販售朝聖護照。於是建議浩芩到下一個大城「萊昂」，看有沒有機會再買一本新的。

Monastery at Las Huelgas 本為熙篤修道院，今為博物館，創建於一一八七年，阿方索八世在此加冕，死後亦埋葬於此。

大伙心情似乎受到波及，也變得有些沉重。跨上單車，默默地繼續朝西而行。騎沒兩下，我停下來回頭提醒浩荇：「還沒買到新護照之前，可以用你手上《米其林朝聖地圖》的附頁，繼續收集戳章。」他才勉強擠出一絲笑容。

六月的梅塞塔高原

梅塞塔的夏季雨水極少，土地乾裂，顏色呈現土黃、棕色、紅色，一片荒原景象。現在才剛踏入六月，路旁依舊鮮花密布，罌粟、雛菊、蒲公英，還有許多不知名的野花，金、紅、藍、紫競相爭豔。地平線在我們的前方展開，四面空曠無際，地廣無垠，壯闊的雲朵在蒼穹上飄浮，解放感隨之而來。

六月初夏的西班牙中央高地上，布滿盛開的虞美人花。

一個孤零零的十字架和遠處的風力發電機相映成趣。

今日行進的路徑在我手上的兩本朝聖地圖[2]，竟然給了不一樣的答案。大致上自塔達荷斯（補原文）開始分歧，一直要到翁塔納斯（Hontanas）才再度合體。比較麻煩的是，這兩者走的都是非常細微的小路，然而步行路線的地圖是依循古老傳統，走入人跡較少的捷徑，而單車路線的地圖則選擇了適合單車行進的公路，我打算跟隨後者。

在塔達荷斯，我們繼續沿著N120公路，直到奧爾米略德薩薩蒙（Olmillos de Sasamón）才左轉入鄉道BU-P-4041。我停在叉路口上，伙伴經過時就叫住他們，要他們改走新路。團體中

只要有人願意當領頭羊，餘衆通常就會跟著走，不會有異議。

此時已近正午，火傘高張，大家在一處有水源的樹蔭下小憩，爲快要見底的水壺添加水。如今已經完全入境隨俗，能夠泰然自若地生飲泉水。順便就著泉水沖了一把臉，清涼一下快被烤焦的腦袋。

接下來的二十公里路，沒有可以遮蔭的地方，馬路兩邊不知不覺換成了一望無際的小麥田。高原上一條筆直的道路，寂靜無人，只有微風吹拂麥穗的聲音，伴隨著幾聲鳥鳴。路旁出現一、二座土丘，土丘上孤零零地豎了一個「十字架」，難道曾有朝聖者難耐炎炎烈日而在此升天？四周沒有正式的碑文，這恐怕是個不會有人知道答案的謎。白雲蒼狗、天地悠悠，我不由自主地停下車，望著那個十字架，爲那位永遠到不了終點的陌生人，投以同情關懷的眼神。

這段路曝曬得厲害，是場體力的考驗，但豔陽有個優勢，它使大地顯得更加出色。我常爲了拍照，走走停停，每當拍完再扶起單車時，經常發現伙伴們早已不知去向。大概是難耐火熱的太陽，衆人加快速度，只想早點抵達翁塔納斯。

---

1 有關「朝聖者護照」、「朝聖者證書」，請看附錄〈事前必須知道的一些事〉。

2 作者分別是約翰·布萊爾利（John Brierley）及約翰·希金森（John Higginson）。有關兩者的差異，請見附錄〈朝聖指南及地圖〉。

有點憂鬱的翁塔納斯

翁塔納斯是個很小的村子，藏匿在梅塞塔的一個山窩裡，不小心就有可能錯失那條左拐進村的小路——一條連汽車都進不來的狹窄土坡路。村子裡有條短短的「主街」，除了一座老舊教堂之外，餘下的都是餐館及供食宿的庇護所，似乎除了朝聖客，很少會有外地人進來。我和亞瑟率先到達，找了一家靠近村子口的餐廳，期盼後到的伙伴騎上來後，就能立刻看到我們。

點了一杯冰鎮啤酒和一份簡單的套餐，邊吃邊等。不久，淑芬和艾瑞克陸續抵達，卻遲遲不見浩苓。我們有點擔心，我午餐沒吃完，心一急，轉身就牽著單車去找他，才下到路口就看見他站在岔路口的路牌下張望。我招呼他，他沉著個臉，看得出還在情緒的陰影裡。對他而言，這大概是旅途中肉體和精神的低潮吧。

午餐過後，陽光似乎沒那麼可怕了。騎沒多遠就看到廢棄的聖安東修道院（Convento de San Antón），它原本是個朝聖醫護所，如今坍塌成了廢墟，但仍可以看出昔日雄偉建築的風采。有些個角落經人整理後，成了私人庇護所，提供一些簡單的膳宿。

曠野裡美麗的景緻不斷，在一片虞美人花海之後是卡斯特羅赫里斯（Castrojeriz），這個位在朝聖道途上的小村，在朝聖全盛的期間曾擁有五座教堂、七間醫護所，但如今卻安靜得有如一座被施過魔法、永遠酣睡在長午覺之中的小村子。我刻意走進花田，以花海當前景，將那渾圓起伏有致的山丘當遠景，山丘上那座殘破的城堡，完美地襯托出山腳下高聳的教堂。

上／已淪為廢墟的聖安東修道院，從拱門進去後，裡頭有提供簡單膳宿的庇護所。**下**／鮮卡斯特羅赫里斯和山丘上的城堡都有輝煌的過去。若有餘力，不妨走上城堡，俯瞰山下的村莊及鄉野。

此時人車稀少，幸好路牌指示還算清楚。從鄉路BU-400轉BU-403，再轉到省道P-432，單車所走的柏油路和徒步者所走的步道始終分分合合，過了卡斯特羅赫里斯之後又再度分開，一直到要過皮蘇埃嘉河（Río Pisuerga）上的伊特羅橋（Puente Itero）前才又會合。

皮蘇埃嘉河是布爾戈斯省和帕倫西亞省（Palencia）的界河，過了橋我們就將進入另一個省份。過橋前，隔著大片麥田，遠遠地望見對面有座看來古老而樸實的庇護所，我好奇地騎了過去。門前已聚集不少徒步者，我便和他們攀談、打招呼，與不同的旅人萍水相逢，能聽些新鮮事、相互激勵一番，成了旅途上每日的小樂趣。

與庇護所的徒步者聊天。

泥磚打造的鴿舍

又來到一個安靜的小村。烈日下靜悄悄的像個死城，最先引我注意的，是那個在教堂鐘塔上巨大的鸛鳥（送子鳥）鳥巢，但鳥巢好像是空的，牠們一定也嫌天氣熱，不知躲到哪個林子裡納涼去了。

走進教堂前的小廣場，一座造型特別的石柱立在眼前，廣場旁唯一的一家咖啡吧，居然在我最需要它的時候大門深鎖。我核對地圖查看，原來這裡是「博阿迪賈德卡米諾」（Boadilla de Camino），一旁的淑芬提醒，在廣場邊上應該有家頗具規模的庇護所。騎了這趟朝聖路至今，還不曾住進任何一間庇護所，不妨進去瞧瞧會是什麼樣子？

看似由農舍改建的「En El Camino」果然不同凡響。走進大門，過了甬道之後，寬廣的庭院在眼前展開，庭院內有多處綠蔭，地上、牆上擺設了不少長滿鐵鏽的雕刻品，還有一個小游泳池；如此清涼的景象，讓這個粗獷的庇護所簡直像沙漠中的綠洲。許多長途跋涉的朝聖者在此或坐或躺，享受難得的閒適，或者沖個清涼的澡，暫時忘卻腳上的水泡及痠痛的雙腿。我們幾個樂不可支地在樹蔭底下找了張空桌，卸下頭巾手套、鬆開領口拉鍊，從服務生那兒拿了五瓶冰涼的可口可樂，這可是烈日下難得的透心涼呀！

我看得出一旦坐定下來，暫時不會有人提議馬上回到豔陽下，不如趁此空檔去找尋進村前看到的幾幢奇怪建築。根據我出發前閱讀所留下的印象，這幾幢建築應該是此地的一項特色。在好奇心驅使下，交待眾人，我出去一下！

從庇護所騎車出來，沿著村子邊緣的小徑彎了出去，直接穿過樹林，放下單車再爬上一段草坡，最近的兩棟就在眼前。一棟還算完整，另一棟則呈現半傾倒狀態，內部結構整個曝露在眼前，這是由泥磚所打造的「鴿舍」。

鴿舍？是的，這正是鴿舍。帕倫西亞是個農業省，穀物是主要產物，自古就以養鴿來除蟲害，

由泥磚所打造的鴿舍，有點像台灣鄉下的土角厝，是博阿迪賈德卡米諾附近才有的地方特色。

而且鴿糞可以作肥料，還有，鴿子其實也是當地一種食物的來源，所以養鴿有實際的民生需要。至於，鴿舍爲什麼是泥磚造的呢？我舉頭向四方張望，高原上一望無際的空曠，在這缺林木又缺石材的環境中，泥土自然成了合理的建材。但今日養鴿風氣似乎不再，才任憑風雨侵蝕而棄之不理。

佛羅米斯塔的聖馬丁教堂

騎到佛羅米斯塔（Frómista）之前，會先看到卡斯提亞運河（Canal de Castilla），這是一個浩大的水利工程，在十九世紀時兼具灌溉和運輸之用途。運用水路閘門的啓閉控

上／卡斯提亞運河。**下**／聖馬丁教堂的西大門有兩根圓柱形鐘塔。

制水位，在水面上可以行駛平底船，將附近大片土地上所生產的穀物運送到外面，促進經濟發展的作用甚大，但在此地鋪上鐵軌之後，運河的運輸功能就被淘汰，只保留下灌溉用途。運河的規模雖然令人印象深刻，但對朝聖客而言，佛羅米斯塔的聖馬丁教堂（Iglesia de San Martín）更具意義。

這座外形美觀、具有雙塔的十一世紀仿羅馬式教堂，原本附屬於某個本篤會修道院，修道院早已消失，教堂卻幸運地留存下來，並被認爲是西班牙仿羅馬式傳統中，最具代表性的建築之一。儘管抵達時接近六點，早過了午休時間但我依舊吃了閉門羹，只能在外面徘徊。它有厚實的石牆，西大門兩根圓柱形鐘塔顯得活潑有力，窗子不多，但簷托（屋簷下突出的支柱）特別多，再仔細瞧，一支支簷托上那些似人非人、似獸又非獸的雕像，竟是如此深具想像力，好似出自石匠幽暗的內心深處。

太陽逐漸西下，偏黃的陽光把原本色澤飽滿的石壁照耀得更爲溫潤柔軟。我盯著它看，心底卻起了微妙的變化。

一棟古建築外觀竟嶄新得有如幾個月前才剛完成的樣

左／在雷文加德坎波斯村子口的徒步朝聖者雕像。

右／出了佛羅米斯塔的步道，地樁上裝飾了聖地雅各的扇貝。

子，事實上，它啓用的年代可追溯到西元一〇六六年。那幾近無瑕的外表掩蓋了它實際的年齡，很有可能是經受一場過分用力的整修工程所遺留下來的後果，就像是動過「拉皮手術」的老嫗，一夕之間變成妖嬈的妙齡少女，令人難以適應。心想，何不讓這教堂呈現出符合實際年歲的形象，即使有些失修、有點搖搖欲墜、布滿煙塵的蒼老，也比起眼前這個乾淨過度、修整過頭的模樣強多了。

哪裡來的餓死鬼？

距離今晚投宿地點——卡里翁德洛斯孔德斯（Carrión de los Condes）還差二十二公里，不容我們休息過久。頂著午後太陽的餘威，我已有些力不從心，顯然身體未能分泌足夠的腦內啡，只是有氣無力地踩著單車。勉強騎了五公里，才到雷文加德坎波斯（Revenga de Campos）就覺得血糖低到非趕緊吃點東西不可。

這狀況是我騎車有史以來的第二次。第一次發生在台灣，由清境上武嶺，在過了昆陽後的最後一個大坡，距終點武嶺剩不到二公里的地方。那是一種令人六神無主、身體幾乎癱軟的飢餓感，唯有趕緊吃下一些甜食或澱粉類食物，便可獲得改善。

一進到村子裡，顧不得招呼其他伙伴，我毫不遲疑地鑽進馬路邊上第一家出現在眼前的咖啡吧。掀開門簾進入，店內昏暗，一個客人也沒有，自後房匆匆走出一位中年女士，顯然她沒料到在這個時間點上會有客人登門，問我：「要吃？還是要喝些什麼？」

我飢渴的眼睛早盯上了玻璃罩內的馬鈴薯蛋餅（Tortilla de Patatas）及西班牙三明治（bocadillo），這應該是中午賣剩的，說不定再過一個小時，若真沒人問津就要丟給狗吃了。管不了那麼多，我點了三明治，外加一杯美式咖啡，顧不得吃相難看，三口當二口地狼吞虎嚥。那位女士心中一定納悶：這是哪兒跑出來的餓死鬼？吃到一半，突然看見淑芬經過店門口，我叫住她，請她帶話給其他伙伴，說我吃完就趕過去與他們會合。

抵達住宿點時已接近八點半，這是少有的紀錄。今晚住在一座由本篤會修道院所改建的旅館「聖佐伊羅皇家修道院」（Hotel Real Monasterio de San Zoilo）。盥洗後，實在沒力氣去參觀這個莊嚴宏大的修道院。亞瑟作完每晚的例行工作後宣布：今天一共騎了一〇四公里，艾瑞克插話說，他單車碼表上的里程記錄是一〇八公里。我的媽呀，難怪會累成這樣。在餐桌上，浩苓不再板著老K臉孔，情緒好像有轉好的跡象了。

12

Spain

你為什麼要緊急煞車？

日期 2014/06/04
天氣 多雲、涼爽
目的地 萊昂
路徑 卡里翁德洛斯孔德斯（Carrión de los Condes）→薩阿古恩（Sahagún）→卡爾薩達德爾科托（Calzada del Coto）→曼西賈德拉斯穆拉斯（Mansilla de las Mulas）→萊昂（León）
距離 102公里

清早醒來還賴在床上，大腦卻怎麼都回想不起來，昨晚一路騎進來的卡里翁德洛斯孔德斯到底生成什麼樣子；可能是被太陽狠狠地曬了一天，無力關心周遭，只想早點騎到終點之故。想到這裡，我立刻跳下床，心想可不能再錯過這個足以媲美西班牙國營頂級旅館的「聖佐伊羅皇家修道院」。

來到旅館接待處就聽見悠揚的《葛利果聖歌》（Cantus Gregorianus），輕柔飄渺的歌聲充滿整個空間，立刻覺得純淨安祥。我問值班服務人員「修道院怎麼去？」她隨手按下一個電鈕，旁邊一扇玻璃門應聲而開，我順著她手指的方向走了進去，原來修道院的迴廊就在隔壁。但這所由本篤教會修道院所改建的旅館，能對住客開放的，大概只限眼前的這個迴廊了。

這是個美麗的迴廊，乳白泛黃的砂岩在

聖佐伊羅皇家修道院的迴廊。

晨曦的照耀下，顯現出溫暖的色澤，爲清冷微寒的清晨帶來些許暖意。粗大的廊柱雕刻著繁複的鳥獸人物，裝飾用的拱肋有如石化的棕櫚葉在拱頂叉開。中世紀的教堂大多講究排場闊氣金碧輝煌，而修道院往往能在豪華與簡樸之間找到和諧。獨自走在空蕩蕩的迴廊裡，不時和牆壁上、廊柱上的怪獸、人物相遇。

人臉杏眼圓睜，眼中央的小圓圈代表的是眼球，只見一個骷髏頭直直地盯著我，我也凝望著骷髏。不知道古早的石匠將它放在這裡的用意爲何？從前，教堂裡的肖像供人朝拜，被用來提醒信徒們昔日聖人的事蹟；浮雕、壁畫則爲前來教堂的文盲講述聖經，擔負起教育及宣揚教義的功能。然而，對於現今的觀者而言，除了那些研習藝術史的學者之外，鮮少有人能理解壁畫上所講述的故

上／一大清早，太陽還沒完全露臉，迴廊還隱隱地泛著陰冷的藍光。
下左／裝飾用的拱肋有如棕櫚葉在拱頂叉開。**下右**／廊柱上的骷髏頭。

事，也難識別各個使徒身上特有的符號象徵，或是分辨出《啓示錄》裡的先知誰是誰。於我而言，宗教已轉化成藝術，只能欣賞，無從瞭解原本的意涵。

飛來橫禍

今天依舊是個挑戰日，預估的路程距離也會超過一百公里，幸運的是，今天的路況比較平坦，而且是個涼爽舒適的日子。

出了城，依循著公路 NA-120 行進。道路兩旁是一望無盡的麥田，遠方偶有一、二棵綠樹站立在麥田中央，紫色的野花及紅色的虞美人點綴在淺黃、金黃的麥浪裡。朝聖路已有千年歷史，沿途累積了不少歷代豎立的紀念碑，形形色色各有千秋，有的刻上地圖指出鄉鎮位置，有的刻上扇貝爲信徒指示方向。一路上尋尋覓覓，這些饒富歷史韻味的古老石碑，成了相機收集的對象。可是，第一次車禍事故也因此發生。

筆直的馬路永無止盡地向前延伸，亞瑟騎在前面而我緊跟在後。一前一後兩車相距不及十公尺，乘著涼風馳騁在鄉間小道眞是心曠神怡。然而不知何故，前面的亞瑟突然緊急煞車，我先是一驚，爲了避免直接衝撞，我立刻急煞。可能當時車速不低，也可能煞車力道過猛，更可能是我前後輪沒同時一起煞，瞬間我就「翹孤輪」。只是這次是前輪立定不動而後輪垂直翹起，隨著後輪九十度翻直，我整個人往前摔倒在地。重摔的聲響驚動了前方不知情的亞瑟及緊跟在後的淑芬，他倆急

上／這個簡單的石碑除了刻有扇貝，還有像劍似的聖地牙哥大十字。
下／紅瓦白牆的莊院，旁邊磚造的建築似乎具備瞭望防禦的功能。

忙奔過來察看我的傷勢。我四仰八叉地躺在地上，忍著暈痛問亞瑟：「你爲什麼緊急煞車？」他面帶無辜地回答：「我……我……以爲又看到了一個紀念碑，想停下來拍照……」。

捨大道而就小路

到了薩阿古恩（Sahagún），沒進城，只在城郊路邊的小餐館簡單地吃了中飯。過了卡爾薩達德爾科托（Calzada del Coto）就轉入一條鄉鎮級道路。在約翰．布萊爾利的地圖上，它是一條徒步者的替代道路，但標示爲「Real Camino Francés」，語意是皇家法國之路，我想這條朝聖古道應該會比車水馬龍的 NA-120 更具吸引力。

這條道路一樣有看不盡的麥田和野花，沿途遇到較多的徒步者及庇護所。午後，柏油路面逐漸升溫，在體力快要衰竭之前，趕緊鑽進一家咖啡吧。我越來越懂得愛惜自己，該休息時就休息，在疲憊不堪時更要善待自己。買咖啡時看見吧台上放置著任人取用的印泥和印章，才知道這棟樓也是一家庇護所，在吧台服務的正是庇護所的女主人。

左／淑芬與上午才結識的旅行團領隊再度相逢。**右**／與朝聖者相遇，互相打招呼。

這些日子騎下來，深切體會到在漫漫長路上，我們眞的需要與人交流，哪怕只是與陌生人短暫的交談都會覺得十分美好。這家女主人習慣照顧路過的朝聖客，提供許多實用的資訊，和她聊天就像手中的咖啡一樣，香醇且醒腦。旅行中，人是最好的風景，不是嗎？庇護所外面有幾個歇腳的徒步者，他們聚在一起自然而然就會脫下鞋襪、捲起褲管討論起彼此的腳丫子，他們每天走上二、三十公里，疲憊的雙腳應該是最常被提起的話題。

今晚投宿的旅館，大城市裡鬧中取靜，距離古城中心亦不遠。

傍晚時分，我們還在努力趕路，在接近曼西賈德拉斯穆拉斯（Mansilla de las Mulas）之際，突然看到一幅難得的景象：路旁有一大群綿羊正低頭吃草，我們五人見獵心喜，不約而同地跳下車。一位衣著邋遢的牧羊人直愣愣地望著我們，儘管他身旁的牧羊犬已低頭豎耳進入警戒狀態，我們依然毫不猶豫地趨前，並拿出相機、手機對準牧羊人卡嚓卡嚓地響個不停。牧羊人對這突來的舉動感到有些驚訝，或許還帶了些不安和惱怒，嘴裡嘰哩哇啦地嚷著，好像我們打算拖走他的羊。之後，大家又心照不宣地跨上車逃之夭夭，對自己這種魯莽、不禮貌的舉止感到有些慚愧。

終於在下午六點半抵達今夜的住宿地點：蒙娜斯提卡帕克斯旅館（Hospedería Monástica Pax），也是一家由修道院改建的旅館，儘管有著老邁的外表卻包藏著摩登舒適的內裝。亞瑟十分得意他找的這家旅館，在大城市裡鬧中取靜，距離幾個著名的景點又相當近，我們將在這裡連住三個晚上。旅館的後方隔著晒衣場，即有一個頗具規模的庇護所，浩苓果然如願地在那裡買到一本嶄新的朝聖護照；這本護照不論印刷、紙質都比原來的更加漂亮，他喜不自禁，一直向衆人展現，嘴角笑得都快要裂到耳根上了。

亞瑟每日的功課

長天期的旅行儘管每天舟車勞頓，在旅途中或多或少總會衍成出一些「不尋常」的生活作息。我觀察到幾乎每日與我住同一房的亞瑟有個習慣：每次抵達下榻旅館到晚餐前的那一時段，是他固定「作功課」的時間。

入住後，洗過澡，把自己安頓好之後，他會取出筆記本和兩份地圖：一份《米其林朝聖地圖》，另一份是他特別在聖讓皮耶德波爾買的《法國之路全覽圖》——自起點的聖讓皮耶德波爾開始，一路向西延伸到大西洋岸爲止的長條幅地圖。

若遇到旅館內沒有書桌，他就會把這兩份地圖攤開鋪在床上，然後雙膝跪地，整個人緊貼床沿呈現長跪姿。扶好老花眼鏡，逐一在地圖上尋找今天所有經過的鄉鎮：在哪休息、在哪吃午飯、在哪裡喝咖啡、某個教堂的所在地等等。每找到一個地名便趕緊用筆標注起來，同時爲了加深印象，他會順口把地名也念誦一遍。聽他如小兒學語一般，將地名反覆再三地念著、琢磨著，彷彿一台跳針的留聲機，再加上錯置的發音方式，往往令我忍俊不住只好出手相助，才能免去魔音穿腦之苦。

和亞瑟同房還有一件趣事，睡前是我寫日記的時間，那時正好是他向台灣的親友們報平安、分享當天遭遇的時間。我倆都用iPhone，只是我用手寫輸入在「備忘錄」裡，但他老人家更先進，用的是語音輸入。

只見他斜靠床頭，單手捧著手機，將口湊近手機麥克風，把一天的遭遇及對家人的思念，一字一句地用如同「樹獺」般緩慢的口吻，（像迪士尼出品的《動物方城市Zootopia》裡的那隻樹獺，記得嗎？）娓娓道來。他的開場白通常是：

「今天……天氣晴朗……逗點……」

「今天……很開心……你好嗎……問號……」

「今天……爬了N個大坡……句點……」

「今天……晚餐……點了一客羊排……超鹹的……驚嘆號……」

他對老婆多情的呼喚、對家人親密的對白、十分八股的形容詞……，全進了我的耳裡。第一次聽到還覺得有趣，背地裡暗自偷笑，但是當有個人一直在你耳邊喋喋不休，根本無法思考啊。只能放下手邊的事，聽他「念完家書」關機之後，才能繼續我的功課。

13

Spain

卡斯提亞的瑰寶——萊昂

日期 2014/06/05
天氣 晴，無雲
目的地 萊昂

由於找不到合適的住宿地點，把原本三天的路程壓縮在二天之內趕完。在經過連續兩天、每日超過一百公里的「奔騎」，是該讓身體好好休息了，我們打算好好在萊昂觀光一番。昨夜大伙步出旅館尋找餐廳時，信步走過聖馬丁廣場及市政廳所在的大廣場（Plaza Mayor）發現萊昂是個很有吸引力的城市：有著優美堂皇的廣場，許多宏偉莊嚴的歷史建築，入夜後四處追逐嬉鬧的年輕人，又讓人感覺到城市的活力。

吃過早餐，大伙就往老城走去。我心中早已鎖定好幾處名勝：享有全西班牙最美麗的哥德式萊昂主教座堂、建築大師高第（Antonio Gaudí）的波堤內之家（Casa de los Botines）、古老的仿羅馬式的聖伊西多羅教堂（Real Basilica San Isidoro）、雄偉精緻文藝復興式的聖馬可斯修道院

（Convento de San Marcos），而距離最近的主教座堂當然是首選。

輕盈的哥德式教堂

曾經來過西班牙幾次，發現西班牙和其它南歐國家一樣，偏好渾然大塊、厚實沉重的建築風格，而高聳、大開窗的哥德式教堂並不多見，即便有也缺少像德、法境內那般大量使用鑲嵌玻璃引進陽光的風格，這可能是因爲南歐從不缺乏陽光的緣故。但，萊昂的主教座堂卻是個例外，是西班牙境內少數幾座能給予人輕盈感的哥德式教堂。

主教座堂立在廣場上像一艘來自遠古的石船，永久在此停泊，沉默不語。雕刻繁複的西大門上有個龐大的玫瑰花窗，兩座高聳雄偉的鐘塔分立兩旁。進入中殿後，我的目光迅速地跳過柱廊，越過交叉拱頂而直接飛向那些大片而美不勝收的彩繪玻璃窗。因爲大量的玻璃窗，大殿顯得相當明亮，陽光穿過充滿涵義與傳奇故事的嵌鑲畫，將萬花筒般斑駁燦爛

全西班牙最美麗的哥德式萊昂主教座堂。

左／美不勝收的彩繪玻璃窗。**右**／全西班牙最美麗的哥德式萊昂主教座堂。

來教堂禮拜的人群中不乏路過萊昂的朝聖者，從衣著、插著登山杖的背包、繫掛在身上的白色扇貝，很容易識別出來。

的光彩揮灑在石板地面。此教堂有一百二十五扇彩繪玻璃窗，共計一千七百平方公尺的花窗面積，在不同時間、不同日照方向，教堂內將呈現不同的色彩光澤。

早晨，陽光斜射進來，光影和彩繪交融，空氣中的每一粒微塵都五彩閃耀、翻飛起舞，整座教堂因此充滿了神祕美感。在光線的營造下，寬廣的殿堂彷彿是座「光的聖殿」。要說這裡是上帝的國度、基督的住所，相信每個人都會同意。信不信由你，不論你是否是基督徒，此時此刻心中都會有股衝動，面對祭壇上的十字架雙膝跪下。

雖然早過了彌撒的時間，信徒依然絡繹不絕，其中不乏路過萊昂的朝聖者。從他們的衣著和配件，很容易識別出他們的身分。一位部落客在他的朝聖遊記中寫道：「在這條路上，每個人都會嚎啕大哭一場。不知道在什麼節骨眼上，你會覺得路途遙遠，永無止盡，而站在原地無助無力地痛哭流涕。」是肉體的疲乏、意志力的折磨，信徒們需要走進教堂，接受神的庇護、尋求心靈的慰藉、需要勇氣。我相信，祈求和上帝相遇，該是每一位虔誠的朝聖者在這條路上主要的課題。

教堂，上帝的居所，是人與上帝相遇的空間。哥德式教堂那高聳入雲的塔尖、垂直的線條具有牽引向上的本質，讓人有奔向天國的渴望，人在殿堂裡相對顯得格外渺小。陽光照耀在彩色玻璃，令人目眩神迷，營造出遠離塵俗的神聖氣氛，既是不可知的神祕，又是眞實的感動。許多人跪在那低頭冥思或抬頭仰望，輕聲的懺悔和祈禱。我雖不同於一般信徒那般的崇敬，僅僅興之所至的四處遊走，但這古老的教堂依舊賜給我無限的平靜，幾乎可以感受到信徒們在這座上帝的屋子裡所得到的慰藉。

聖伊西多羅教堂

比起十三世紀才完工的主教座堂，聖伊西多羅教堂更古老。西元一○六三年，萊昂國王費南多一世重建此教堂，爲的是自塞維亞（Seville）迎來聖伊西多羅的遺骨，同時也在教堂內，爲他夫妻及歷代三十三位萊昂與卡斯提亞王國的皇室成員興建一座陵寢（Panteón Real）。不過，眞正吸引我前去的，是該教堂

仿羅馬式的聖伊西多羅教堂。

博物館內的一項珍藏——傳說中的聖杯（Chalice de doña Urraca）。

參觀教堂要從南大門進去，兩個入口都擁有內縮的門框，柱子上雕刻著古怪的獸首，十分古樸有趣。我認出其中一扇門，門面上的主題，那是《聖經》裡「亞伯拉罕獻祭」的故事：亞伯拉罕聽從上帝的指示，舉起刀正準備犧牲他的愛子以撒，天使趕緊送來一隻綿羊。從燦爛明亮的大街，走進這幽暗的中世紀教堂，一陣涼意襲來，好似闖進一個深邃的洞穴；拉丁十字的結構，三開間，本堂東端有個金碧輝煌的屏風，仔細分辨，每個格子皆講述不同的聖經故事。

皇族陵寢

若要看皇陵及圖書館則需從教堂外的另一扇門進去，不但要付費而且嚴禁拍照。沿著石階往下走，墓穴昏暗，需藉助投射燈光才能看出精彩之處。進到裡面立刻感受到一股神祕的氛圍，好像不單是陵寢擁有千年的歷史，就連這裡的空氣也是如此，光陰在此凍結，自然生成出某種特殊的寂靜和肅穆。我小心翼翼地走進低矮的殿堂，大氣都不敢喘一下，生怕驚擾在此沉睡千年的國王與王后。

陵寢的空間格局方正，由許多石柱撐起一個又一個圓弧形的穹頂。我的手指輕觸冰冷的石柱，石柱不高，杜頭雕滿絢麗的花草和饒富宗教義涵的人物，可貴的是這些紋飾保存得相當完整，沒有任何風化的痕跡。石棺有好多座，有的毫不起眼，沒有任何題字或裝飾，有些則刻滿碑文，從難辨識的文字中偶爾浮現某個可解讀的名字。抬頭審視頭頂上方的繪畫，不可思議的是這些畫歷經近千年，竟然還如此鮮活，這下才恍然大悟爲何有人稱讚此地爲「西班牙的西斯汀教堂」。拱頂和牆壁上的繪畫屬「仿羅馬式的濕壁畫」（Romanesque frescoes），順著穹頂的次序，會發現其實是一頁一頁的聖經，可以邊走邊讀。

傳說中的聖杯

在耶穌受難前的最後晚餐，耶穌命門徒喝下用那只杯子所盛的葡萄酒——象徵他的血，而使得那只杯子具備某種神奇的力量。當耶路撒冷再度淪陷於回教徒之後，聖杯從此下落不明，傳說是由聖殿騎士祕密地守護著，沒人知道聖杯究竟流落到何方。於是有了各式各樣的傳聞，尋找聖杯成爲中世紀教會熱衷的一項活動。

當我看到被玻璃櫃保護的聖杯時不免吃驚，它和我印象中的形象落差太大了。它不是應該像個平常人家用餐時拿來盛酒的杯子，或者如電影《聖戰奇兵》（Indiana Jones and the Last Crusade）所指稱的，只是一只平凡得不能再平凡的木製酒杯？眼前這只杯子怎麼會是鑲滿金銀珠寶的瑪瑙杯呢？

聖伊西多羅教堂的珍藏品：聖杯。（博物館外牆的宣傳廣告）

而且又怎麼會叫作「Urraca」這個古怪的名字呢？

回國後，我上網遍查，才對這只杯子的來歷略知一二：這只傳說中的聖杯自十一世紀就存放在這座教堂裡，由當時萊昂國王費南多一世的女兒烏拉卡公主（Urraca）的名義捐贈，因此就以她的名字爲名。杯子底層確實是一只木製的杯子，烏拉卡公主認爲這麼平凡簡單的木杯不符合貴族的身分，因此請了工匠在其上鑲了瑪瑙黃金珠寶，以顯貴氣。歷經多位歷史學者的研究考據，他們相信這只木製酒杯是來自耶路撒冷的聖墓教堂（耶穌被釘死的地方），被一名穆斯林帶到埃及開羅，再輾轉贈送給一位西班牙安達魯西亞的統治者。最後被帶到萊昂，送給費南多一世當作象徵天主教和穆斯林之間和平的禮物。二〇一四年，學者 Margarita Torres 和 José Ortega del Rio，在開羅 al-Azhar 大學內掌握了兩筆用阿拉伯語書寫的重要文件，證實聖杯的確被帶出耶路撒冷而到西班牙，他們還合寫了一本書《The Kings of the Grail》歷數這只聖杯的來龍去脈。

天主教徒崇敬「聖髑」其來有自，不單是聖人遺體的部份，連帶他的衣服、使用過的器物，甚至是殉道時加諸他肉體的鎖鏈刑具等一併包含。與耶穌有關的聖髑除了聖杯，還有耶穌受難時頭上所戴的「聖荊棘冠」、被用來釘死耶穌的「眞十字架」、將耶穌釘在十字架上的三枚「聖釘」、沾了耶穌鮮血的「命運之矛」等等，都帶有濃厚的傳奇色彩。有的可以叫人返老還童而且可得永生，有的被認爲一旦持有便能戰無不勝、攻無不克，這些都成了歷史上權力追逐者覬覦的對象。自古由於這些聖物氾濫，缺乏嚴格的認證，難保其中沒有涉及金錢交易或權力交換的狀況。到目前爲止被找出來的「聖杯」已有兩百多個，眞假難分。正如很多基督教徒自己說的：若把全世界聲稱爲「眞

十字架」的殘片加總起來，足可造一條船了，所以可以推論絕大部分可能都是贗品。

在聖伊西多羅教堂所展示的聖杯，是否真的是耶穌在最後晚餐中所使用的酒杯，不得而知。若這一切是真的，那麼意義如此重大的聖物卻被如此濃妝豔抹，我實在不太能理解。但我並不失望，它提供了我一個難得的經驗，去認識原本無從涉及的領域，這也是一種收穫。

午後廣場上的受寵若驚

下午，逛街逛累了，在主教座堂前廣場的露天咖啡座坐下來喝杯咖啡，享受一下夕陽餘輝的溫暖。突

被堂皇雄偉建築包圍的 Plaza Mayor，是我們進出老城的必經之地。

然，一群正在戶外教學的小學生竟前來搭訕，她們找我聊天練英文，嘰嘰喳喳、活潑可愛。當那群學生要離開時竟群起向我揮手道別，我見狀，一時興起，叫他們在廣場上排排站，讓我這個到此一遊的觀光客拍照留個紀念，沒想到他們眞配合，嘻嘻哈哈地又引起一陣騷動，引人側目，頓時，我成了廣場上的孩子王了。

沒多久另有一個小小女孩，自我背後走過來，碰了碰我的手肘，表示要請我吃玉米片，我受寵若驚，連忙彎下腰去招呼她，並放眼四處尋找她的父母親，原來她的家人就在我背後笑盈盈地看著我倆的互動。呵呵～這可是我在西班牙難得的遭遇呀！

左／請我吃小餅干的小女生。（淑芬提供）**右**／我叫戶外教學的小學生們通通站好，前排蹲下，我來拍照。

14

羅馬軍團的嘉年華

日期 2014/06/06
天氣 晴，薄雲
目的地 萊昂

淑芬曾問我：「這個城市叫 León，和獅子有沒有關係？」在西班牙文裡，León 的確是獅子的意思，但這城市和獅子有什麼淵源，我就答不上來了。昨日四處漫步之時，發現還真的有不少獅子的雕像，甚至下水道的人孔蓋都雕有獅子像，不禁懷疑彼此真有某種關連。

昨夜睡覺前上網才得知，León 是由拉丁文 Legio（羅馬軍團）這個字衍生而來。原來，自古萊昂一直是古羅馬軍隊的駐紮地，尤其和羅馬第七組合軍團（Legio septima Gemina）的淵源特別深厚。該軍團首建於暴君尼祿駕崩的西元六十八年，到了西元七十四年，被永久派駐在萊昂，從那時起一直到第四世紀末，第七軍團是留在西班牙境內唯一的一支軍團，負責護衛拉斯梅德拉斯（Las Médulas）的金礦，以及黃金的護送。

另外，維基百科對萊昂市的介紹裡，顯示其盾徽是隻以後足站立、仰首張牙舞爪的紅色獅子。這城市果然和獅子有關。

今早來到主教座堂前，發現教堂廣場上正在準備著大型園遊會，一大堆人忙著搭篷架、組裝遊樂設備、小貨卡來回穿梭，十分忙碌的樣子。納悶之際，一張牆壁上的海報標示出活動的名稱，當下讓我目瞪口呆，大呼不可思議。這城市竟然以嘉年華的形式，來紀念第七組合軍團成立及進駐這城市的歷史事件。我看著這份海報，不禁莞爾，怎麼會如此湊巧呢？昨晚還在追究城市名稱的由來，今天就獲得證實，而且時間還這麼剛好，讓我們躬逢其盛，眞是太幸運了。距離正式開張的時間尚早，於是決定先到聖馬可斯修道院，回頭再來遊園會。

獅子的雕像。

聖馬可斯修道院

聖馬可斯修道院位在貝爾內斯加河畔（Rio Bernesga），從主教座堂步行過去有段距離。在大街小巷中穿梭，給人貼近庶民生活的感覺。有些路段正好與傳統的朝聖路重疊，不時會遇到三五成群的朝聖人群，沿途「Buen Camino」不絕於耳。

在朝聖路上，用來打招呼的辭彙不需多，只要會說「Hola」及「Buen Camino」就足以讓你贏得許多微笑和友誼。「Buen Camino」是朝聖者彼此加油打氣的口號，藉以鼓舞路途上疲憊的旅人「勇往直前」。它可以是激勵、祝福、問候，也可以是道別。行進時，在路旁，常可看到撐著拐杖的老先生笑瞇瞇地對著路過的朝聖人群揮手、微笑，一句高聲的「Buen Camino」讓人感到療癒有加；在路途上和其他單車朝聖者萍水相逢，分手之際也用「Buen Camino」互道珍重再見。

充滿倦容的朝聖者銅像，真想對他說聲：「Buen Camino!」

聖馬可斯廣場上有座銅像：一位像是已經走過千里路，途經此地略作休息的朝聖者。只見一雙久經踩踏、有深深足印的鞋子被擱在一旁，主人赤腳倚靠在石柱上閉目養神，一臉疲憊的神情道盡漫漫朝聖路的艱辛。

銅像的正對面就是聖馬可斯修道院，這座十六世紀重建的修道院，已被改爲頂級的國營旅館（Hostal San Marcos或稱Parador de Léon），除了旅館本身，其所附屬的教堂、迴廊及博物館都開放供人參觀。

遠遠的我停下腳步，只因「聖馬可斯旅館」的立面，

被稱為「銀匠風格」的聖馬可斯修道院。

此時因晨光而起了變化。我盯著它看，內心讚嘆：「多麼壯麗啊！」這座西班牙最氣派的旅館，其立面的寬度竟然超過一百公尺，雄偉莊嚴的姿態，無庸置疑，完全展現了斐迪南和伊莎貝拉這對夫妻[1]當年的權勢。

如此華麗裝飾的風格稱之為「銀匠風格」，就是把石工做得像金工一般華美精巧。假如把這個建築物縮小一千倍，你會覺得它是一具精緻的銀雕製品。我走近立面，邊走邊仔細瞧那些雕飾與壁柱，瞧它們豐富的裝飾及有條不紊對稱的格局。高牆上的帶狀裝飾有一系列的圓形浮雕，浮雕裡盡是神話與歷史人物的胸像，有時間的話，眞想一一指認，看自己認識多少個。

1 西元一四九二年西班牙在他們手上完成統一，修道院重建的費用也是由其出資。

聖馬可斯修道院的前身，在十二世紀時本是朝聖路上一個重要的朝聖庇護所醫院，從邊門牆面上、衆多象徵聖地牙哥的扇貝裝飾可以證明。在迴廊或教堂裡的拱頂，隨處可見鮮紅色的「聖地牙哥十字」，原來這個修道院曾經也是聖地牙哥騎士團的總部。不單是立面，就連教堂的內部及迴廊無不挖空心思極盡裝飾。杜樑和門楣上雕有飛翔翻滾的小天使、漩渦飾、鍍金的葉飾、神龕、扇貝形的壁龕，盡情地玩弄陽光和景深的手法。有些裝飾看來不似雕塑而成，甚至也不像塗抹上去的，反而像是從管子裡被擠出來的。

當我從驚豔震盪中再回過神來，不由得自省，我自認一向不拘泥於任何形式的藝術風格，喜歡任何能夠觸動我的事物。這種如火焰般的奢華表現，我也曾在葡萄牙看過，或許這樣的裝飾風格，最能代表葡、西兩國在成爲海洋殖民大帝國之後所崇尚的建築手法，然而，如果與中世紀嚴峻素樸的風格相比，我還是喜歡那些肅穆、強而有力的簡樸神韻。

內部的迴廊，地面上也由鵝卵石排列出精緻的紋圖。

左／小販正在剪切章魚腳。**右**／廣場上販售各式燒烤的攤位，有大塊的牛羊肉、粗大的香腸。

羅馬嘉年華

自聖馬可斯修道院再回到主教座堂廣場，會場似乎已經準備就緒。這是個爲期三天的慶祝活動，從星期五到星期日，今天是活動第一天。從早上十一點到晚上十一點，節目排得密密麻麻，琳瑯滿目。

活動的規模不小，有賣燒烤、烤乳豬、燉海鮮飯的小吃攤；有賣女紅、珠寶的手工藝攤；有賣麵包、起士、火腿、香腸、臘肉的農畜產品攤，不計其數，有趣的是，這些攤子的主人不分男女全換上了古羅馬風格的衣服：寬鬆的白色衣袍，男紮頭帶、女露香肩，穿梭在其間彷彿走進古希臘羅馬的市集。午餐時間到了，炭火上滋滋作響的燒烤香氣四溢，鐵鍋裡被番紅花染得金黃的海鮮飯、湯鍋裡碩大的章魚載浮載

左／羅馬士兵腰配短劍、手持盾牌和長矛，排開戰鬥的陣式。**右**／吸引路人目光的三人小樂隊。

沉，皆令人垂涎。

最引人矚目的，當然是羅馬軍士的扮演。中午過後，他們有一連串的表演節目，我過去時，他們還在準備，我擅自鑽進帳幕內看他們換裝，他們先穿上厚棉衣墊底，再套上沉重的金屬胸盔、護腿甲和頭盔，完全像電影《神鬼戰士》裡軍士的扮相，既閃亮又威武。他們看到我好奇地到處東摸摸西摸摸，便拿起兵器架上的短劍舞弄一番，其中一位還特別吹響軍隊行進用的號角，十分有趣。

晚午，陽光的威力不再那麼逼人，廣場上的人潮明顯增加許多，原本沒人理睬的人力旋轉鞦韆（由人踏踩產生動力），已有許多小朋友在排隊等候；市政府特地封了廣場邊的一條小街，專供馴鷹人展示各類猛禽。一組三人的小樂隊：二支蘇格蘭風笛和一個皮鼓，一直在各攤位之間穿梭，輕盈的凱爾特（Celtic）旋律飄蕩在大街小巷，吸引路人駐足觀看；羅馬士兵軍容整齊，腰配短劍、手持盾牌和長矛，在號角聲的陪伴下，於大街上行軍。

突然，一群身穿白色衣袍的男女出現眼前，定神一看，原來是酒神巴克斯（Bacchus）也親臨盛會。他和女祭司們在音樂聲中載歌載舞、打情罵俏，巴克斯紅著腮

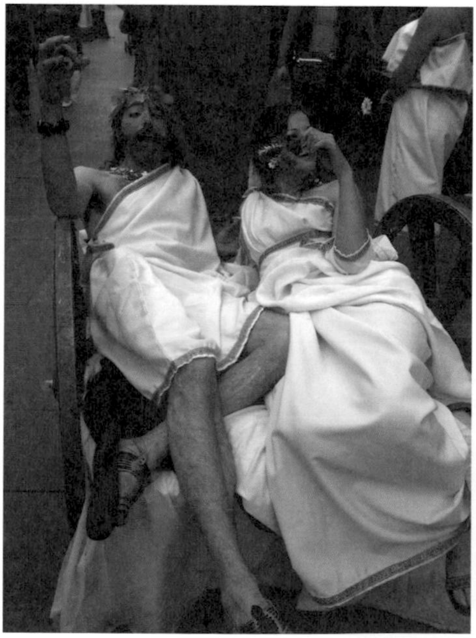

酒神和女祭師雙雙躺在小車上，任人拉著遊街。

幫子忸怩作態，顯然已有幾分酒意，一幅醉態可掬的樣子。與印象中的酒神不同，此時的酒神由身旁一位女祭師陪伴，雙雙躺在一輛二輪的小車上，任由一位亦詼亦諧的胖女人拖拉著遊街。

這樣的歡樂場景將會一場接著一場，直到晚間十一點才停歇，而明天、後天都還有不同的節目呢。

走回旅館的路上，我不免自問：萊昂，是怎樣的一個城市呢？除了是朝聖途中的樞紐，只要依循鑲嵌在人行道上的黃銅扇貝符號，就可以觀賞到主要的歷史古蹟（我的確都一一查訪了），但任何前來的遊客或朝聖者都值得多花一、二天的時間待在這，這裡一年四季有數不清的慶典。眼前這三天不屬於宗教性質的羅馬嘉年華，就已經如此有趣，那正式的大型慶典不知會是如何熱鬧？

15

Spain

石橋上浪漫的騎士傳奇

日期 2014/06/07
天氣 晴，多雲
目的地 阿斯托加
路徑 萊昂（León）→聖馬丁（San Martin del Camino）→奧斯皮塔爾德奧爾維戈（Hospital de Órbigo）→阿斯托加（Astorga）
距離 50公里

早上取車時發現單車整個溼淋淋的，推測昨晚應該下過一場大雨。好極了，已有好長一段時間沒清洗愛車，這回老天爺可是幫了個大忙。出門時空氣清冷，我們穿上防風夾克、也用防水套把車架上的行李袋縝密地包覆妥當。出城不難，沿著地上的朝聖指標先來到聖馬可斯廣場，臨別前五個人在修道院前拍了一張合照，算是向萊昂正式告別。

騎過了貝爾內斯加大橋（La Puente de Bernesga）我們再度回到N-120公路，順著往阿斯托加（Astorga）的路標朝西前進。從萊昂到今晚的停駐點阿斯托加距離不長，大約五十公里，且只有少數微微起伏的路段，但偏偏風大，一路逆風而行，騎起來並不輕鬆。我們途經小鎮聖馬丁（San Marin del Camino），沿途景緻乏善可陳，不過騎到奧斯皮塔爾德奧爾維戈時，竟掀起一陣高潮。

奧斯皮塔爾德奧爾維戈並不在N-120的路徑上，會拐進這人口不到一千二百人的小鎮，純粹是想欣賞一座據說是西班牙境內最長、最古老的石橋。

在西班牙，橋的數量和教堂一樣多。橋，跨越峽谷、河流，將人、車送達彼岸。這一路來，不知跨越過多少橋。幾乎每一個西班牙的大城小鎮都有一座足以誇示衆人的好橋：有的像一塊不顯眼的小寶石，僅僅擁有單一橋孔的拱橋，在乾涸的河道上隆起一道完美對稱的美麗弧線，雖然只有短短的幾步路長，卻樸拙可愛，令人懷念；有的則是出自帝王的手筆，擁有無數莊嚴雄偉的橋墩，跨越在滾滾的長河之上。鄉間的小拱橋最爲可愛，經常可以見到成群的綿羊像一團團騷動的棉花球推擠過橋，後面跟著趕羊的牧童，其中悠閒自在的鄉土風情，見了令人不自覺的放慢腳步，想把這景象牢牢地收進旅程的記憶裡。

橋梁在西班牙的歷史及民間傳說裡經常扮演重要的角色，這座跨越在奧畢戈河上的古橋也不例外，傳奇「La Puente del Passo Honroso」（通往榮耀之橋）便發生在這座橋上。

一四三四年，有位來自萊昂的騎士名叫「Don Suero de Quiñones」，他向一位美麗高貴的女士表達愛慕之意，卻沒有得到她的青睞。在那個年代，勇敢的騎士可以爲了心儀的女人去決鬥，即使犧牲生命也在所不惜，若是被拒絕，則是一樁無地自容的羞辱。當Don Suero被那位女士斥退之後，認爲自己聖潔的愛情及騎士的尊嚴受到了嚴重打擊，於是把一條沉重的鐵鍊掛在脖子上，宣示他是個愛情的奴隸。

不但如此，爲了贏回自尊並向那位貴夫人展現自己的能耐，他懇求國王，允許他在這座橋旁邊的空地上舉辦比武大會。他將挑戰所有膽敢踏上這座石橋的騎士，直到他折斷三百支長槍爲止。唯有達成這個心願，他才願意拿下脖子上的鐵鍊，才能卸下心中那個愛情奴隸的枷鎖。他狂妄的豪語立刻吸引了歐洲各地的騎士前來挑戰。

所有傳奇都有個完美結局：他護守這座橋，成功地擊敗每一位前來挑戰的騎士，這場比武延續了一個月之久，折斷的長槍數目達到他預設的目標，在裁判的見證下，Don Suero 完成了心願，也重新找回他的榮耀。

石橋下的慶典

在中午十二點之前來到村子口，果然有座長長的石橋——二十個橋拱，二〇四公尺長，略成波浪狀起伏的橋身一直延伸到河的對岸。橋面不寬，只限行人和腳踏車。村名裡「Hospital」這個字

據說這是西班牙境內最長、最古老的石橋。一共有 20 個橋拱，204 公尺長，橋身略成波浪狀起伏。

從橋上俯瞰，河床上旌旗、帳篷、馬匹，儼然佈置成中世紀騎士比武的場景，我們好像走進好萊塢影城。（亞瑟提供）

眼，據說是因爲當年此地有個由醫院騎士團（Order of Saint John）所建的庇護所，專爲路過此地的朝聖者提供醫療服務，證實了這個村子、這座橋是古代朝聖的必經之地。

這座石橋的架勢確實不凡，奇怪的是，橋面上旌旗飄揚，異於尋常，而且不斷有身穿古裝的男女老少經過眼前。我隨著行人的背影把目光放遠……發現對面遠處的河床上怎麼一座座的帳篷接連不斷，有許多馬匹、人影晃動？好像有什麼「大事」正醞釀著。

我們趕緊跟了過去，自石橋上俯瞰橋下的河床，旌旗、帳篷、馬匹，儼然布置成中世紀騎士比武的場景。不免心想，昨天明明才在羅馬帝國的氛圍裡，今天竟來到了中世紀，這一路時光穿梭未免太劇烈了。

既興奮又詫異，我趕忙找個當地人來問明白。一位打扮成公主模樣的小姑娘告訴我，今天的比武是「兩位騎士爲了一位女士而戰」。哇哈哈！原來，十五世紀的浪漫騎士傳奇並沒有被人遺忘。自一九九七年開始，這小村在每年六月的第一個週末，舉行爲期兩天的「La Fiesta de las Justas del Passo Honroso」（通往榮耀的騎士比武大會）來紀念前述的傳奇事件。我們適逢其時，賓果！眞是個意外的驚喜。

居民紛紛出現，女性無不花枝招展，有幾個男性則是一副騎士打扮，牽著馬匹走入會場，我們五個「現代人」牽著極不相稱的腳踏車，從河堤上走了下來，一腳踩進中世紀的世界。場地還在準備中，許多地方尚未就緒，但看得出來，場地的主體就是那條騎士比武的跑道，中間的柵欄正是爲了分隔兩方戰馬相互碰撞而安置。

提到中世紀，往往會令人聯想到壯麗的城堡、十字軍和忠誠正義的騎士精神，而騎士比武大會既是競技、也是當時王侯宮廷中最絢麗的社交活動。在比武大會上，旗幟和緞帶隨風飄揚，喇叭樂音響徹雲霄，看台上的貴族打扮得光鮮亮麗。參賽者的盔甲和盾牌熠熠生輝，騎士胯下的戰馬受到激勵而煩躁不安，不斷立地騰躍。

交鋒前，看台上的女士們向自己鍾愛的騎士拋出絲巾或手套，就等待主持比賽的君王宣布開始。跑道兩邊的騎士們身穿沉重盔甲，腰間懸掛長劍，左手持盾駕馭戰馬，右手握緊長槍，連坐騎都被武裝包裹得只露出雙眼。號令聲響起，兩

來此參加嘉年華的鎮民，老老小小都打扮得好酷。

位參賽者身穿重達百磅的盔甲，策馬前進，持穩手中的長槍，瞄準對方的胸膛刺去。接著，長槍刺中對方，對手應聲落地，長槍被堅固的盔甲震得粉碎……

這地方，真讓我的想像力奔馳！親身經歷過這麼一趟，最大的收穫是反轉了我原本對「中世紀」的刻板印象，它不再是「黑暗時代」，而是個色彩繽紛的異想世界。

大街上的吉普賽街頭藝人

在城裡表演的吉普賽雜技團，大家的目光集中在這位美麗的舞者身上。

我們左等右等，逛遍了整個會場還是沒等到騎士比武開演。時間畢竟有限，在會場的飲食攤上吃過午餐之後，還是得繼續趕路。才過了橋頭，就聽見鑼鼓喧天，待我們進了城才明白，原來今天奧畢戈舉行了一個大型的化妝舞會，整個街道上呈現嘉年華的榮景，不分男女老少都穿上中世紀的服飾，有國王、公主、主教、武士……，琳瑯滿目，三五成群，擠得巷道水洩不通，過往的人們無不笑臉迎人，一幅過節的歡樂氣氛。

有個小廣場擠滿人，圍觀的群眾一圈又一圈，原來有組跑江湖的街頭藝人正賣力演出，小丑、雜耍、踩高蹺，尤其一位肚皮舞孃的表演更是吸睛，亞瑟早把相機轉成錄影模式，錄下精彩過程。這一路上連續遇到好幾個鄉鎮的年度慶典，是當初設計行程時始料未及之處，算是珍貴的額外 Bonus。

優遊阿斯托加

從布爾戈斯、萊昂一路過來，一直是馳騁在地形平緩的區域，到了阿斯托加地勢才逐漸墊高，再往前就要進入朝聖路最艱難的地段了。阿斯托加位在萊昂山脈（Montes de León）的山腳下一塊突起的山脊上，居高臨下，占據有利的戰略位置，依山勢建造的環城古城牆至今還完整保留著。附近山區有豐富的礦藏，尤其是金礦，更帶來豐富的收入，由於優越的地理位置，古羅馬時代幾條重要的道路都在此交會，使得它自古以來，就是西班牙北部貿易、軍事、朝聖的重鎮。當我們自山腳下沿著進城的坡道一路騎上來，就能感受到這是一個小而富裕的城市。市區內有不少可觀的歷史建築，最重要的是位在城北的主教宮（Palacio Episcopal）和主教座堂。

阿斯托加主教座堂，正面幾座個別的建築體顏色不一致。

主教宮

第一眼看到主教宮的確令人驚訝，這個新哥德式的建築眞像中世紀的城堡，灰白花崗岩的外牆，在午後陽光下熠熠發光。但我左看右看，除了扇形貝殼狀的大門入口和高聳的煙囪之外，其它部分實在看不出是出自高第的設計，因爲太過中規中矩了。在知道主教宮興建的歷程之後，再回想萊昂的波堤內之家，我有個感觸：畢竟高第的風格走不出巴塞隆納，也沒有任何的委託人能像奎爾（Eusebio Güell）那般全然信任和賞識高第。

高第曾說過：「直線屬於人類，曲線屬於上帝。」，他終其一生都致力於在設計中追求自然，他的作品當中幾乎找不到直線，大多採用充滿生命力的曲線與有機型態的物件來構成一棟建築。

由高第設計的主教宮。

主教宮內部已變成博物館。

巴塞隆納這城市容得下高第的浪漫奔放，極力掙脫規格化束縛的作風；巴塞隆納的市民喜歡奎爾公園所呈現的超現實又充滿童趣的感覺，但地處西班牙西北隅的這個地方，高第卻難獲得掌聲。

高第和委託人葛勞（Grau）是好友，當葛勞在一八八九年被指派到阿斯托加擔任主教一職時，委請高第重新設計被毀於火災的主教宮。然而，當心態保守的金主及當地納稅人發現高第那股強烈獨特的個人風格時，引發了

高度議論，他們無法接受其怪誕、超現實的設計，高第一再被要求低調並限縮他的創意。這樣緊張的狀況，在一八九三年葛勞去世之後更加惡化，逼得高第退出計劃，主教宮的工程也因而停擺了十年。今日呈現在眾人眼前的主教宮已是經過妥協後的結果。

現今的主教宮不再住人，內部已經變成博物館「Museo de los Caminos」——以朝聖爲主題的博物館，收藏有趣。內部空間的設計亦十分可觀，尤其拱頂的設計，在燈光下竟有如蛋殼般脆亮。

主教座堂與市政廳

具有雙塔的主教座堂就在主教宮後方，兩個造型特別的建築體緊鄰在一起，一爲現代、一爲傳統；一爲灰白、一爲粉紅，這樣的組合十分特別。

那高聳的雙塔及教堂本身巨大的量體，竟然使我無法在前方廣場上，找到一處可以讓廣角鏡完整收納整棟建築的地方。而且教堂正面幾座個別的建築體，其岩石顏色竟然不一致：右邊色澤鮮紅的鐘樓尤其明顯，相較之下，左邊另一座塔樓和鄰近的一些雕刻區域，則屬於相對柔和的天然色調。

我想，或許是因爲這座教堂建造時間歷經三個世紀的結果，不同時期的建築師引用了不同的石材。時間跨距那麼長，也使得教堂混合了多種不同的建築風格：教堂本堂內高聳的石柱、穹頂、花窗，無疑地屬於哥德式；巴洛克式的雙塔、西牆面；至於大門門廊的部分，應該屬於文藝復興式晚期，但其繁複精緻的雕刻，使我想起銀匠風格的痕跡。

市政廳是一棟巴洛克建築。

主廣場上的市政廳（Ayuntamiento）是一棟漂亮的十七世紀巴洛克建築，兩個炫耀的尖塔中間夾個鐘樓，牆面上布滿許多雕刻和造型怪異的筧嘴。不妨在此稍作停留，坐在廣場上的戶外咖啡座，等待整點時市政廳鐘樓上，穿著馬拉噶朵人（maragatos）傳統服裝的人偶敲鐘。

阿斯托加的傳統美食

在市區逛了一圈，把幾棟該看的歷史建築都看了一遍，之後就沿著 Calle Lorenzo Segura 及 Calle los Sitio 走回今晚住宿的旅館。走在街上一直聞到陣陣的烘焙香味，是甜膩的烤麵包香瀰漫了整條街，肚子裡的饞蟲此時蠢蠢欲動，於是開始聞香追尋它的來源。原來街道兩旁有許多家賣甜食的糕餅店，現在該是糕餅出爐的時間吧？

淑芬也受不了這香甜的誘惑，建議說：「今天還沒喝咖啡呢，要不我去買份甜點，咱們配著咖啡，吃個下午茶吧！」嘿，正合我意！挑了幾份甜點其中包含了當地傳統特產 mantecadas，樣子像海綿蛋糕但質感比較紮實，吃起來倒像是 muffin。

這趟出來，不管住的是旅館或民宿通常都附有早餐，在路途上爲求方便省時，午餐都吃得十分簡單，到了晚上時間較充裕，就想好好吃一頓像樣的晚餐。今天也一樣，淑芬在逛街時早就暗中多方注意了。她挑了家餐廳招牌上特別註明有提供 Cocido Maragato ——這是當地的一道風味菜。屬於一種雜菜燉肉鍋，燉鍋內有各式各樣的肉類及蔬菜，包括鷹嘴豆、香腸、鹹肉、馬鈴薯、包心菜等等，份量不小，但配上紅酒非常可口。

阿斯托加最有名氣的甜點，「La Mallorquina」是著名的百年老糕餅店。（淑芬提供）

16

橡木樁上的鐵十字架

日期 2014/06/08
天氣 晴，多雲
目的地 蓬費拉達
路徑 阿斯托加（Astorga）→卡斯特立由德波爾瓦薩雷斯（Castrillo de Polvazares）→拉巴那（Rabanal del Camino）→馮瑟巴東（Foncebadón）→鐵十字架（La Cruz de Ferro）→曼哈林（Manjarín）→艾拉瑟博（El Acebo）→莫琳娜瑟卡（Molinaseca）→蓬費拉達（Ponferrada）
距離 60公里

過去幾天我們都行進在卡斯提亞平原上，地勢起伏不大，但這種好日子結束了。過了阿斯托加，我們一路向西就得要穿越好幾條橫亙在西班牙西北部的山脈，直到抵達加利西亞為止。今明兩天得咬緊牙關，面對行程中最艱難的挑戰。

首先，橫在我們前面的正是萊昂山脈，從海拔八七〇公尺的阿斯托加開始，連續二十五公里的爬升坡，直到整個朝聖路的最高點——海拔一五一五公尺高的伊拉格山頂（Punto Alto de Monte Irago），尤其從拉巴那（Rabanal del Camino）上到馮瑟巴東（Foncebadón）之間，那五公里將是最難的一段。而隔天的加利西亞山脈（Macizo Galaico）則有個足以媲美「從清境上武嶺」的陡坡等著我們……

迷路的小插曲

早餐後，我比其它伙伴先一步獨自出發。沿著地上的朝聖標誌而行，經過大教堂的西大門，跨出了主教門（Puerta Obispo），就算是離開老城區，接下來就要尋找編號爲 LE-142 的公路，今日一整天都會在這條公路上，而且經過的正是被稱爲 La Maragatería 的區域，兩側所有村鎮在過去都是馬拉噶朵人的聚落。

行行重行行，不經意地，我來到一處圓環，環顧四周之後，沒發現任何公路標示，沒有黃色箭頭、也沒有扇貝標誌，朝聖指南上的地圖也過於粗略，對眼前的疑惑沒有任何助益。是否等伙伴們到齊了再研究？還是自己決定？

若論及「方向感」，在朋友圈中我算是出了名的「秀逗」。此行的五個人當中，淑芬活像隻鴿子，腦子裡好像植有 GPS 晶片，永遠知道回家的路怎麼走；亞瑟常自豪地拍胸脯說他是航海科班出身，即使沒羅盤，單憑眼觀天象也能找到正確方位；艾瑞克，我曾提過，他是城市求生專家，方向感甚是敏銳；浩苓不用說，研究地圖著力之深，無人能出其右。

我回頭望，看不到伙伴們的身影，也不確定還要等多久他們才會出現。再一次認眞觀察，這個圓環是兩條馬路的交會處，總共四個出入口，扣除自身的所在，還剩三個可以選擇。三選一，選錯的機率不高，我如此樂觀地忖度，卻忘了歷史教訓：每次猜左轉、右轉，我經常壓錯邊，而且屢試不爽。我挑了一個看似會把我帶去聖地牙哥的路口，朝那裡騎去。

騎呀騎，冷不防從眼角餘光察覺到有人在對我揮手，我機警地停下車回頭張望。果然有位農夫模樣的中年男子，隔著馬路很用力、激動地揮舞雙臂，我警覺到這舉動一定是他「有話要對我說」，我趕緊靠了過去，透過他的指點，我知道我錯在那裡：在圓環，該選第一個出口，而非第二個。

當我再回到圓環時，只見所有伙伴手扶著車，站在路口處笑嘻嘻地等著我。原來我走錯路的糗事早被他們看在眼裡，就看我何時迷途知返。見我前來，他們齊聲喊道「邁克……」，那呼叫聲，無限委婉地拖長尾音，彷彿是告訴我，此刻不用作任何解釋，所有的理解與包容就存在這尾音裡。

體力的考驗，心靈的滿足

卡斯特立由德波爾瓦薩雷斯（Castrillo de Polvazares），這村子距離阿斯托加只有五公里，是所有馬拉噶朵人的聚落中保存得最完整、最原汁原味，幾乎成了馬拉噶朵文化的村居樣板。儘管馬拉噶朵人的起源衆說紛紜，但他們幾百年來離群索居，深藏在偏遠的山區裡，衍生出獨特的衣著服飾及烹調飲食乃是事實。近幾十年來，形成像日本的合掌村或大陸新疆的禾木村一般，因爲具觀光價值而廣受遊人的青睞。

自村子口騎進來，一條長長的石板路在眼前伸展開來，石板路面騎來顚簸，只能牽著車走。村子裡靜悄悄，連隻狗的影子都看不到，一所小教堂的樓頂上倒有一窩送子鳥。道路兩旁都是石砌的低矮房子，一棟接著一棟，屋牆顏色紛雜，搭配鮮綠油漆的門窗，讓牆面的赭紅、褐紅、橘紅更加

馬拉噶朵人的聚落。站在村子口，一條石板路就在眼前延伸開來。

豔麗。

我張大眼睛，希望能遇到穿著馬拉噶朵傳統服裝的村民，但可能時間尚早，各店家都還沒開門營生。簡單地逛了一圈，就退回到 LE-142 公路上，畢竟前方還有很長的路要趕。

馮瑟巴東

越是往西，坡度越大。接近正午、太陽正烈之際，我們爬上了拉巴那，這人口僅僅五十餘人的小村子，居然有三個教堂，說明以前這裡曾經風光過。主街上有不少的店家和庇護所，是朝聖途中重要的補給點和停駐地之一，許多徒步者會在此過夜，隔日才有體力翻越伊拉格山。

左／只有一條街的拉巴那，卻擁有不少的商店和庇護所。
右／不一樣的指標，在拉巴那村子口前發現帶著彩虹的朝聖指標！
下／馮瑟巴東位在崇山峻嶺之中，濃厚低壓的雲層令人喘不過氣來。

從拉巴那到馮瑟巴東（Foncebadón）只有五公里，但爬升接近三百五十公尺[1]，幾乎接近七%的斜度，是有點挑戰，但我們克服了。不論是徒步或騎車，上來的人都會在此喘口氣，有的人到路旁的bar喝杯啤酒、吃點東西，有的則站在觀景台環顧四下，迎著山風欣賞難得的景色，但不必多作停留，因為精彩好戲——鐵十字架（La Cruz de Ferro，1504m）就在三公里外。

鐵十字架

在幾百公尺外，就看到了鐵十字架獨立高大的身形，它矗立在公路旁，是朝聖路上一個無以倫比的地標。這是今天的高潮點，此時應該要令人情緒激動，然而胸口的起伏，遠比心情的起伏要來得大了許多。

我把車停好，迫不及待地靠了過去。一個生鏽的鐵十字架，安放在一支非常高大、飽受風霜洗禮的木樁上，而木樁底下的基座是由無數小石塊、小石頭堆積而成的山丘。難以想像，堆積得如山一般高，是累積多少歲月才換得的成果？

依朝聖的傳統，每位朝聖者都會千里迢迢地從家鄉帶一塊石頭，或一件對他而言深具意義的紀念物來到十字架前，再將石頭放置在此，祈求自己往後的朝聖旅途

1 拉巴那，海拔一一四九公尺，馮瑟巴東則是一四九五公尺。

丟擲石頭這項傳統流傳千年之久，朝聖者藉此象徵拋棄掉自身的煩惱。

順利，最後能夠平安返家。那塊一路帶過來的石頭，象徵背負在身上（或心理）沉重的負擔，放下石頭就是放下了身上的負擔（罪孽），是種懺悔、祈求贖罪的象徵。

我握著帶來的石塊向石山走去。有那麼一瞬間，它喚起我在喜馬拉雅山腳下的記憶——一座座高大、飄揚著五色經幡的瑪尼堆。藏傳佛教的信徒所立的瑪尼堆，也是由許多小石塊所堆積而成。我仔細端詳木樁上衆多信徒所遺留下來的信物：有足球隊的小錦旗、鑰匙圈的掛飾、某個人的照片……。顯然，有的是爲祈福、有的是爲許願、有的則是來還願的。各人帶來各自的心願及承諾，就讓這鐵十字來主持公道。我也不例外，我祈求上天保佑我及我的同伴，都能安全順利地完成這八百公里的朝聖之路。

曼哈林

過了鐵十字架之後，一路下坡，半滑半騎地來到曼哈林（Manjarín）。這村子和許多沿線的村鎮一般，早先在朝聖活動衰落的年代逐一凋零，直到近年朝聖熱潮死灰復燃，藉著過往的人流增多，才又逐漸復甦。如今曼哈林有一間，也只有這一間，由一位「現代版」的聖殿騎士Tomás所經營的庇護所。由於他的存在，使得曼哈林官方註冊的居民總人口數由零變一。

Tomás是個怪老頭，他自認是個聖殿騎士，把一間廢棄的舊房子重新翻修，改造成一家陳設簡單的庇護所。大門口豎起聖殿騎士團的旗幟，自己也常身披前胸後背印有紅色十字的聖殿騎士斗

曼哈林庇護所的入口處。若不清楚你來的城市距離曼哈林有多遠，不妨來這裡找找看。

篷，招待往來的朝聖客，使得這裡成爲朝聖路上一個特殊的風景。

我們抵達的時候，滿心期盼能和這位現代騎士合照。可惜，滿屋子人就是沒看到 Tomás 本人，只有一位助手幫忙照顧生意。在這空間甚小的接待室裡，洋溢著充滿靈氣的葛利果聖歌，現場也販售與朝聖和聖殿騎士徽章有關的小物品。回國之後，才從論壇中得知，久病的 Tomás 已經不會再與遊客見面了。

一路下滑也是種挑戰

出了庇護所，先是來個緩坡，接著在十字路右拐，往上爬，沒幾分鐘就來到全程最高點伊拉格山頂。從山頂往四下望去，山巒起伏、層層疊疊，十分壯闊，然而，登上峰頂的喜悅卻多少摻雜著一絲的不安，朦朧隱現的加利西亞山脈就在西邊的地平線上，充分預告了明日的挑戰。從此之後就是一路向下滑行，而且都是陡降坡，所有的指南都提醒，不論是徒步者或騎車者必須十分注意安全。

下午三點半左右來到了艾拉瑟博（El Acebo），是只有一條街的小山村。街不寬，但十分傾斜。街道兩旁都是造型簡單的住家，石砌的屋牆，屋頂不用瓦片而是由黑色的薄石板覆蓋而成，另外可觀的是有不少房子擁有突出的木造陽台，占據了不少行人的領空。整體古老、粗獷而質樸，會讓人以爲幾百年來這些房子未曾有過絲毫的改變。朝聖路直接貫穿這古老的小村，要找家餐廳不難，但貴又難吃、讓人不敢領教，對食物的欲望就只能留待晚餐吧。

才出了村子口沒多久，就瞧見路旁一座造型摩登的腳踏車雕塑，原以爲這只是個普通的公共藝術，心想是不是近年騎單車朝聖逐漸普遍，終於有人爲此立紀念碑？當我

左／紀念碑是為了某位不幸喪命的單車騎士而立。**右**／艾拉瑟博的街旁閣樓上，有個聖雅各的符號。

誇張的雲層為美麗的莫琳娜瑟卡朝聖者橋增色不少。

們停下來就近觀賞時，一位剛好路過的先生才說，這座碑是因爲有位來自德國的朝聖單車騎士，行經此地時不幸摔車喪命，令人唏噓。所以，千萬不能輕忽指南提到「減速慢行」的警告。

繼續再往下滑，路旁的風景一改幾天來的印象，不再是乾枯焦黃、塵土飛揚的感覺，反而有鬱鬱蔥蔥、草木扶疏的清爽，我想應該可歸因於越來越接近加利西亞之故，大西洋的水氣可能翻不過層層疊嶂的萊昂山脈，卻能沾溼面向大西洋的這個坡面，也由於水氣足夠的關係，使得埃爾比耶索地區（El Bierzo），成了西班牙著名的產酒區。我們這一路來最常喝到的是拉里奧哈產區的紅酒，今晚一定要試試埃爾比耶索的酒了！

還在山路迴旋打轉的時候，遠遠地就隱約瞧見山谷裡莫琳娜瑟卡（Molinaseca）的房舍和教堂突起的尖塔，我們就快回到平地了。順著河流往下滑，美路埃洛河（Río Meruelo）的河水清澈，河岸兩旁的緩坡上盡是葡萄園，等到騎過了漂亮的朝聖者橋（El Puente de Peregrinos），我知道，距離今晚投宿的城市——蓬費拉達（Ponferrada）只剩八公里。

古老的城市——蓬費拉達

蓬費拉達以其聖殿騎士城堡（Castillo de los Templarios）爲傲，連垃圾桶和排水孔蓋都印上了城堡的標記。這座城堡幾乎是垂直地聳立在錫爾河（Río Sil）河畔之上，背後是臨河的山崖，

蓬費拉達的聖殿騎士城堡。

教堂的鐘聲響起，在彌撒中我為伙伴們祈求一路平安。

單靠城門口一條通道與外界聯繫。城門雄偉高大，石牆森嚴厚重，一副易守難攻的架式，不免讓我幻想：城門打開，騎著白馬的聖雅各，不，此刻應該稱呼他爲馬塔莫羅斯（摩爾人剋星），伴隨著震天的號角聲奮勇地衝殺出來！不幸的是，我們抵達時，已過了開放參觀的時間，大門深鎖無緣進入。

一路走來，可以在許多地方看見聖地牙哥騎士團的標誌：像一把短劍般的紅色十字架，劍柄及護手的兩端皆附有鳶尾花形狀的修飾。此標誌在這條朝聖路上出現不足爲奇，因爲聖地牙哥騎士團是道地西班牙的產物。然而，突然在曼哈林有位 Tomás 自稱是「最後的聖殿騎士」，蓬費拉達又有一座以聖殿騎士爲名的城堡，這就令我好奇了，難道聖殿騎士團也參與了西班牙的收復失地運動？

回旅館後查資料才知道，聖殿騎士團在一一七八年接受了萊昂國王斐迪南二世的要求，在原本一座已傾圮的城堡舊址上，重新建造新的城堡，來保護蓬費拉達及確保朝聖路的通暢。但並沒持續太久，到了一三一二年，教皇正式宣布解散聖殿騎士團後，聖殿騎士才撤離該城。

蓬費拉達是個古老的城市，古城區裡有個美麗的鐘樓和典雅的廣場。傍晚時分，Basílica de la Encina 教堂的鐘聲響起，招喚朝聖者前來作彌撒。主持彌撒的神父爲前去聖地亞哥的信徒們祈福，他每呼叫一個國家的名字，就有一組人上前接受祝福。由於我非天主教徒，此刻寧可靜靜地看著其他的信徒走到祭壇前，接受神父的祝福。

左／蓬費拉達市政廣場的夜景。**右**／老城區裡一座建於 16 世紀美麗的鐘樓 La Torre del Reloj。

17

像極了3275M的天堂路

日期 2014/06/09
天氣 陰，雲層厚
目的地 歐瑟布雷若
路徑 蓬費拉達（Ponferrada）→維拉法蘭卡德比耶索（Villafranca del Bierzo）→維加德瓦卡瑟（Vega de Valcarce）→路易德朗（Ruitelán）→佩德拉菲塔（Pedrafita）→歐瑟布雷若（O Cebreiro）→Sabugos民宿
距離 77.5公里

今天的重頭戲就是要奮力地爬上歐瑟布雷若（O Cebreiro）。徒步者地圖除了主要路線之外，還提供了多條替代方案，主要是因爲地勢實在太過崎嶇零碎，當地政府爲了改善山區步道的安全，近年沿著傳統步道修築了不少公路，有些路段甚至修成了柏油路。至於單車路線就單純許多：蓬費拉達到維拉法蘭卡德比耶索（Villafranca del Bierzo）主要是沿著 LE-713 公路，接著到歐瑟布雷若則先是走國道 N-VI，進入加利西亞自治區的盧戈省之後，在佩德拉菲塔（Pedrafita）轉接 LU-633 公路。

小繁星原野——維拉法蘭卡德比耶索

出了蓬費拉達，路途只有小幅的起伏，沿途鄉野盡是青翠的果園和葡萄園林，不時可以看到三五成群、衣著鮮明的徒步者，在翠綠的田園中行走。不冷不熱的天氣騎起來甚是愉悅，兩個小時不到，就來到了維拉法蘭卡德比耶索。

維拉法蘭卡只有五千人左右，擁有豐富的水資源，城內到處有美麗的噴泉和公園，我們在城裡大致繞了一圈，主要目的是在找尋聖地牙哥教堂（Iglesia de Santiago）。

從此地到歐瑟布雷若的徒步路線是一條陡峭的山徑，翻山越嶺，長達三十六公里的上坡，自古信徒們就稱這段路爲「艱苦之路」（Camino Duro），顯然老天爺刻意要讓朝聖者在抵達終點之前，必先「苦其心志，勞其筋骨」，藉此檢視哪些才是意志堅定之人。徒步路線如此，單車路線亦不遑多讓。沒錯！今天是有場硬仗要打。

維拉法蘭卡素有「小繁星原野」（la pequeña Compostela）的稱譽，這稱號與我們要尋找的教堂有關。聖地牙哥教堂，這座以使徒雅各之名爲名，建於十二世紀的仿羅馬式小教堂，與朝聖的終點——聖地牙哥德孔波斯特拉的主教座堂一樣，具有頒發「朝聖者證書」的權力。沒想到，一座毫不起眼的小教堂，竟享有如此的尊榮。

這是中世紀時就立下的規矩，專爲那些千里迢迢前來卻因身體孱弱，而無力翻越重山阻隔的加利西亞山脈的信徒。教會顧及「艱苦之路」的嚴酷無情，因此信徒們只要證明自己的體力無法繼續前進到聖地牙哥，便可在此獲得「朝聖者證書」。從這座小教堂取得的證書和在聖地牙哥主教座堂取到的，具有同等的赦罪效力。除此之外，教堂的北門和聖地牙哥主教座堂的La Puerta del Perdón（也稱作La Puera Santa）同名，也是只有在「聖年」（該年的七月廿五日，正好是禮拜日）

聖地牙哥教堂看起來不太起眼，但也具有頒發「朝聖者證書」的權力。

2019 年韓國 TVN 的實境療癒節目《西班牙寄宿家庭》，由三位藝人在朝聖之路上開設民宿，接待疲憊勞頓的朝聖旅人。那間民宿，其實就在維拉法蘭卡德比耶索（Villafranca del Bierzo）小鎮裡的一間修道院。

才會被打開。在精神層面上，幾乎是個微型的聖地牙哥主教座堂。

艱辛的登山路

出了城，直接騎上國道N-VI。許多外國部落客對這條盤山公路有諸多抱怨，全是因爲道路狹窄而莽撞的貨車往往驚嚇到朝聖者，但來自台灣的我們，倒是司空見慣。

在抵達佩德拉菲塔之前，是一條漫長的上坡路，途中有幾個漂亮的小村莊，無不綠樹成蔭、恬靜可愛，讓人想停下來歇歇腿、喝杯咖啡。奇特的是，沿途遇到的徒步者各個步履輕盈、神情輕鬆，並沒有因爲走在「艱苦之路」而流露出苦難之色。沿路和他們打招呼時，換來許多笑臉的回應，我也深深感染到這股愉悅的心情，雙腿不自覺地也輕鬆

騎上 LU-633 之前，在佩德拉菲塔加油站小事休息，相互打氣。（亞瑟提供）

一路盤山而上，崇山峻嶺盡在眼底。

起來。

我們選擇在路易德朗（Ruitelán）休息，在衝刺之前，先喝杯咖啡提振一下精神。騎到佩德拉菲塔代表輕鬆的部分完全結束了，由此轉入LU-633公路，溫和的斜坡將轉換成陡坡，眞正的挑戰從此開始。

從佩德拉菲塔到歐瑟布雷若，雖然只有五公里，卻非同小可，眞可說是峰迴路轉。上坡，除了上坡，還是上坡。每當我喘不過氣、腦袋缺氧時，在每一處過彎之前，總是幻想拐過去之後會是個下坡，不然來條平坦的康莊大道也不錯，但又是個讓人飆出髒話更陡峭的坡，眞是沒完沒了！

幸好路上往來的車輛不多，允許我不斷採取「之字型」的爬坡策略。最陡峭的地方竟然到達幾近變態的九．八％斜度，由於我後輪的行李架上載有十公斤左右的行李，有幾個瞬間，我眞以爲出現前輪浮起「翹孤輪」的現象，嚇得急忙橫向偏轉龍頭以緩和斜度。

快到頂點之前，我突然餓得心裡發慌，體內的血糖指數正急速下降，需要即刻補充糖分。我把車停靠在路旁，頻頻回頭張望，想知道艾瑞克騎到哪了，因爲他的行囊裡永遠有吃的。不久，亞瑟、淑芬、浩苓也陸續抵達，每個人都喊沒力氣、騎不動了。等到艾瑞克解開背包、打開糧倉，乖乖！各個都像餓死鬼一般狼吞虎嚥，連續三十多公里的上坡，不虛脫才怪！

瑟布雷若的高點

爬上大坡，海拔一千三百公尺的瑟布雷若高點（Alto do Cebreiro）終於到了。淑芬畢竟年紀最輕，吃過點心後有如神力女超人，她早一步到達頂點，拿出相機為每個人拍下「完勝」照片。每個人一看到相機即使累得快要趴下，也要強打精神地勉強擠出一絲笑容。

當我們倚靠在公路邊的護欄大口喘氣之時，不經意地回頭一瞧，天啊，我們的來時路怎麼那麼像昆陽武嶺之間的「天堂路」？此刻的情境就像那年站在三二七五公尺的高點上，不只是那壯麗起伏的山嶺、山腰上那一路傾斜向上的公路線、那幾乎讓我們趴下的坡度，還有途中的那場突來的飢餓感，那些點點滴滴再度湧上心頭，都讓所有人驚呼：

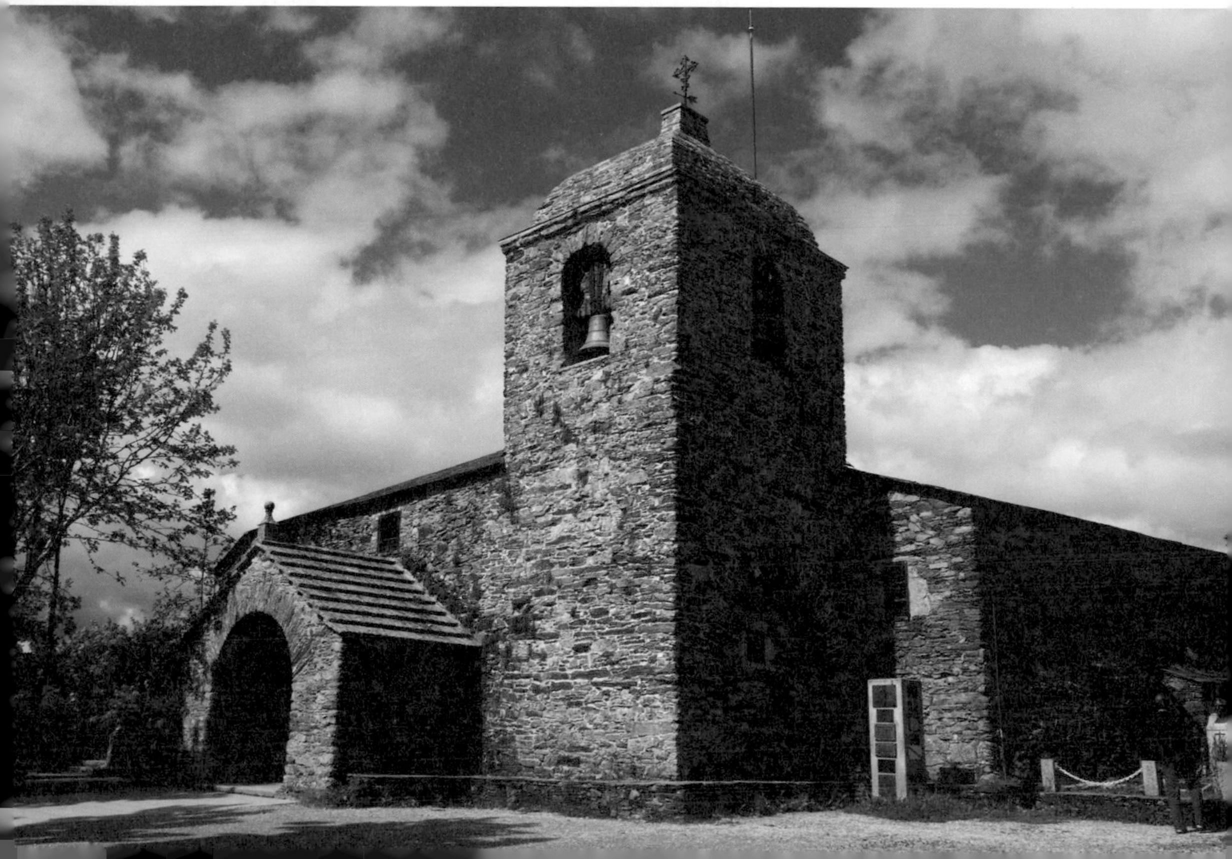

太像我們的「武嶺」經驗啦。難以置信地相視而笑，接著，興奮地相互擊掌！

歐瑟布雷若

往前不多遠就是歐瑟布雷若，一個高踞在山脊上封閉的小村。全村大概只有五十位居民，但放眼看去，大都是剛抵達不久的朝聖者，或已入住庇護所，正享受陽光咖啡、寫信看書、冥想打坐的遊客。整個村子除了一座小而美的教堂之外，大概只有十到十二間屋子，其中六間是稀有而造型古怪的茅草石屋（pallozas）。

這些直徑十到二十公尺之間，略成圓形或橢圓的屋子，由花崗岩石塊砌成的牆，錐形的屋頂則是由堅實的茅草所覆蓋而成，整體高度差不多只有一・五公尺左右，低矮的

左／歐瑟布雷若特有的景點——茅草石屋。**右**／在歐瑟布雷若，小而美的聖瑪莉教堂（Church of Santa Maria）。

左／在標高 1270 公尺的 Alto San Roque 隘口上，浩苓童心發作，模仿那座與暴風雨對抗的朝聖者雕像。
右／爬上歐瑟布雷若之後，不少朝聖者在這度過悠閒時光。

形狀像是電影《魔戒》裡哈比人的房子。這種茅草石屋可追溯到非常古老的年代，屬於凱爾特人（Celtic）的住屋，屋內的地板低於地表，窗小門窄，屋內光線想必昏暗，但這樣的結構卻適合此地酷寒的冬天。

深受大西洋水氣影響，雨季長且經年霧氣迷漫，使得這個隱匿在森林裡的村子，擁有童話故事場景般的想像魅力：當迷霧湧入時，即成了巫婆和巫師的世界，乍現的幽靈、漫遊的鬼魂及魔幻的森林。雖然此刻才下午六點半，天色尚爲明亮，但不受拘束的想像力已如脫韁野馬，再不喊停，我將會墜入幻覺之中。趁濃霧尚未升起，趕緊離開！

山谷底下的民宿

在行程規劃之初曾想過在此留住一宿，想像在黑夜裡高舉著火把，在森林迷霧中找尋精靈，但此地的庇護所及旅館實在太搶手，淑芬嘗試過幾回，永遠呈現客滿的狀態，在寥寥可數的選擇中，她看上了民宿 Casa de Rodriguez。這家民宿距離歐瑟布雷若僅八．五公里，在 LU-633 路標十二公里處的一條小路右轉。沒想到右轉之後竟是直直地往山谷底下俯衝一．五公里，看了令人膽顫心驚。抵達民宿時心裡早已憂心忡忡，擔憂明晨怎麼上得了這個陡坡？村子裡只有幾戶人家。開門迎接我們的是位笑容可掬的太太，一身主婦打扮，語言雖不通卻能溝通。

她引領我們進屋，屋子長而深邃，連午後斜陽都顯得乏力而有些昏暗。她讓我們把腳踏車安置在堆放農具的房間內，再帶我們到樓上的寢室，由這一路的觀察，我十分確定我們住進了一棟農舍。二樓寢室和閣樓餐廳的擺設，雖然都是些古老的木製家具和老舊斑駁的地磚，但也十分寬敞舒適。

盥洗過後，趁著太陽還沒下山我出去走走。僅有的幾戶除了這家兼作民宿之外，從戶外停放的農耕機具及飄散出來的動物氣味，推測他們不是種田就是畜牧人家，我甚至大膽地推開一個牛圈的房門，正好趕上牛隻餵食的時間，女主人祖孫兩人還很大方地讓我拍了幾張照片。

晚餐，簡單又好吃。有自家釀的紅酒、麵包、生菜沙拉、義大利筆管麵和豬排，說不定這些都是他們自家種或養的。民宿女主人看到我們胃口奇佳，頻頻爲我們添酒、加麵，當我喝完最後一杯咖啡時，已經是九點十五分了。

今晚，亞瑟在床上對著 iPhone 說：「今天……很喜歡這家民宿……逗號……尤其很有媽媽味道的晚餐……句號……」。

18

卡通趣味的全能基督

日期 ● 2014/06/10
天氣 ● 晴
目的地 ● 波多瑪琳
路徑 ● 歐瑟布雷若（O Cebreiro）→特利亞卡斯特拉（Triacastela）→薩摩斯（Samos）→莎利亞（Sarria）→波多瑪琳（Portomarín）
距離 ● 65公里

清晨回到閣樓早餐，此刻與昨天晚餐時的感受大不相同。閣樓上幾片玻璃窗，引進的晨光既明亮又溫暖，空間中似乎跳躍著輕鬆的音符。女主人自廚房端來咖啡和自家烘焙的麵包。有香醇的咖啡作伴，即使語言上不太通，幾個大叔和這位媽媽級女主人也能無礙地閒話家常，笑談之間向她討教在村子裡的一些所見所聞。結完帳後，女主人笑嘻嘻地說，爲了讓大家省去那一．五公里的爬坡之苦，她特別要丈夫用汽車幫我們連人帶車（帶行李），一起送到主幹道上。免去了這段陡坡，多貼心呀，大家樂歪了！

當我們把單車、行李搬到門口時，才發現女主人口中的coche（西班牙語，汽車），居然是一輛碩大無比的曳引機，加上貨車車斗所組成的變形金剛大怪獸，衆人無不驚呼連連。我們五個人跳進車斗，隨著變形金剛的啓動，在震耳欲聾的引擎聲中，大聲齊呼「Adiós……Adiós……」向女主人揮手道別，晨曦中我們五人蹲在駕駛座後的車斗裡，由曳引機緩緩地牽引而上，結束這一段生動有趣的農家體驗。

一段極速下降的滑水道

又回到 LU-633 公路。本以爲越過歐瑟布雷若隘口之後，前方再也沒有任何高難度的挑戰，但早餐前翻閱朝聖地圖時，發現再往前二公里左右，竟然還有一個標高一三三七公尺的波義奥高點（Alto de Poyo），高度甚至超過歐瑟布雷若的一三三〇公尺，是加利西亞境內公路的最高點。大伙只好收拾輕鬆的心情，嚴肅面對這個大坡。

公路過了波義奥高點就開始向下滑。起先只是緩緩、輕輕地滑，涼風輕拂、行雲流水，不久之後，竟變成了極速下降的滑水道：自海拔一三三七公尺一路向下滑至特利亞卡斯特拉（Triacastela）的六六五公尺，十二公里的長下坡，平均五至七％的坡度。從沒享受過這麼長距離的下坡，好樂！

亞瑟隊長擔心我們太過爽快而輕忽了行車安全，只見他一面加速超越我們，又一面霸氣地下達命令：「任何人都不准超過我！」他衝到隊伍的最前面，掌控車隊的速度以免失控。十二公里的乘風疾駛，羨慕死了路旁那些徒步的朝聖者。

途經特利亞卡斯特拉，這裡是中世紀朝聖的重鎮，但我們無心逗留，而是把目標放在往前十一公里外、薩摩斯鎮上的本篤教會修道院（Monasterio de Samos）。

出發前的重要決定

從外觀上看，薩摩斯修道院果然雄偉漂亮，是西班牙最古老、規模最大的修道院之一。比較特殊的是入內參觀需要付費。我們抵達的時間差不多是上午十點半，正好可以趕上十一點的導覽。當我掏錢準備爲大家購買門票時，艾瑞克走過來說他不跟我們進去了，他會在附近找家咖啡吧坐下來等我們。

聽他這麼一說，我愣了一下，隨即問：「怎麼了？這個修道院很有名氣的！」

艾瑞克說：「這一路來，教堂我看夠了！教堂這玩意，每個看起來都差不多。」

我們對話時，剛好可以俯視位在馬路下方的修道院，一覽無遺。院區內的教堂就在正對面，雖然有點距離，還是能清晰辨認這教堂立面所呈現的建築風格。

與艾瑞克的感覺不同，於我而言，每一座教堂都有獨特的歷史背景、空間構圖、建築語彙、對稱韻律，這些加總起來成就了一座教堂的風格，稍加留意就可以觀察出其獨特性。在那當下，有股衝動想向艾瑞克說明這座教堂與衆不同之處，但隨即放棄，因爲不是每個人都和我一樣對建築感興趣。

我在遊覽一座歷史悠久的城市時，總會把握良機，將該城著名的建築也作一番巡禮，甚至會爲自己設計一條參觀的路線：今天先參觀一座巴洛克式教堂，再參觀一處古羅馬廢墟，接著是一座現代的廣場，一個接一個看下去。

我還發現一個十分有趣現象，我身邊的朋友（或許多數人亦然），大多對文學、繪畫、音樂、雕刻比較感興趣，唯獨對建築冷感。一個對藝術領域稍有涉略的人，如果被人指出他不認識羅丹的〈沉思者〉或不知道〈蒙娜麗莎〉的作者是達文西，可能會羞愧到無地自容，但是他可以泰然地承認，自己不知道佛羅倫斯的聖母百花大教堂是誰設計的。這次當我們來到西班牙的巴塞隆納，的確有幾位大叔不知道聖家堂是何物、也不認識高第是何許人，也就不足為怪了。

這幾位伙伴雖是相交多年的老友，但每個人帶著不同的生活習性與價值觀，對旅行的期望和喜好自然不同：有人願意嘗試入住庇護所，有人則堅持非要像樣一點的旅館不可；有人喜歡逛博物館，但有人似乎患有幽閉恐懼症，待在博物館超過三十分鐘就必須出去透氣；有人主張要盡量嘗試當地的原汁原味，有人偏偏長了愛國的舌和胃，天天嚷著要吃中國菜。

所幸，出發前經過長時間的拖磨，大家終於琢磨出一個共識：「在安全無虞的情況下，每位團員可以依自己的喜好、精神及體能狀況，決定自己的行動。」這也是本次旅行中最重要的決定。

薩摩斯修道院

修道院位在朝聖的必經之路，我發現身邊一起等待導覽的遊客，絕大部分是朝聖者。

時間到了，出現在眼前的導覽人員是位神父。他臉色紅潤、語言風趣，幾句開場白就把聽衆逗得哈哈笑，可惜，他用的是西班牙語，我們幾位像是鴨子聽雷般，一籌莫展，亞瑟問他能否使用英語解說，只換來神父尷尬的一笑。於是，他說他的，我看我的。

跟隨神父的腳步，我們看了優美的大迴廊，上到迴廊的二樓，牆壁上有許多大幅精美的濕壁畫，有些畫作似乎有著連貫性，有的好像描述著一段《聖經》故事，或者講述某位善人成爲聖人

左／修道院內精彩的迴廊。**右**／薩摩斯修道院院區內的教堂。

的事蹟，因爲聽不懂解說，只能憑自己心領神會了。走進聖器收藏室，拱頂下一個宏偉的空間，收藏著許多祭典時使用的燭台、權杖、十字架，以及精美的金銀、刺繡、服飾等。這裡一直爲朝聖者提供庇護所及醫療的功能，因此院內院外都可看到和聖地雅各有關的各式符號。在這裡，除了歷代聖人、國王、主教的雕塑外，我亦看到聖雅各以不同的身分出現：一會是朝聖者牧羊人的打扮，一會身穿冑甲，化身爲摩爾人殺手。

這座超過千年的修道院

遭逢幾次大火，也歷經多次重大的整建，導致整體的建築風格有點紊亂，門廊、本殿、迴廊、立面、拱頂、祭壇、屏風等穿插著多種建築形式：仿羅馬式、哥德式、文藝復興式和巴洛克式，如大雜燴般地搭配而令人感到凌亂無趣。是不是教堂、修道院看多了，連我也逐漸麻痺呢？

令人莞爾的耶穌雕像

重回LU633，公路依舊蜿蜒起伏，卻是緩緩地滑向小城莎利亞（Sarria）。那座無止盡似的、叫我們吃了不少苦頭的加利西亞山脈，終於被拋諸腦後了。

下到平地，少了山林裡陰涼的山風，頓時覺得燥熱起來。莎利亞雖然是朝聖要地，卻擁有現代化的外表。進城後我一路向人打探「Dónde está la rúa Major?」伙伴們不明就裡地跟在後面，不知道我葫蘆裡賣的是什麼藥。

其實我是在找一座名叫聖薩爾瓦多（San Salvator）的小教堂。教堂位在老城區裡的高坡頂上，而上去的主街很是陡峭。教堂的本體建築絲毫不起眼，有趣之處在於，它門楣的山牆上雕著一個特別的Christ Pantocrator（全能的基督）。當我仔細地端詳這十三世紀樸拙有趣的石刻時，亞瑟也氣喘吁吁地騎了上來，他站定之後的第一句話是：「什麼？拚得半死，只爲了看一個近似卡通的耶穌石刻？」這時候，我又看到後面跟上來三位臉色蒼白、雙腳顫抖的單車騎士；我什麼話都不敢吭，趕緊招呼衆人到隔壁不遠的小店，去喝杯咖啡壓壓驚、喘口氣。

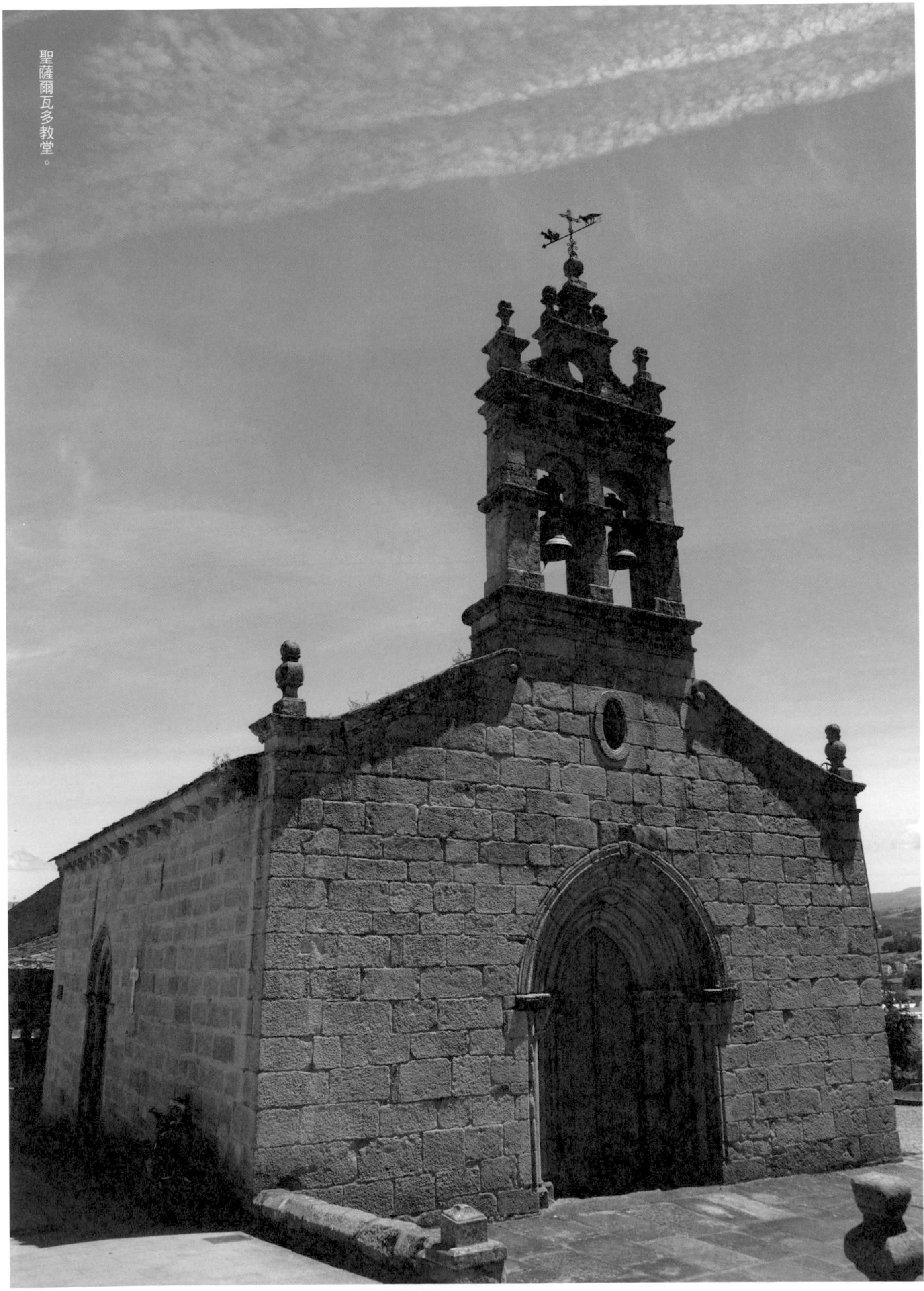

聖薩爾瓦多教堂。

「全能的基督」雕像。

臨走前，我還頻頻回首這個令人莞爾的小趣味。在路上，淑芬騎靠過來，問我：「你怎麼知道教堂會有這麼一座雕像呢？」我聳聳肩，沒答話，在心裡O.S.：「每個人手上都有一本相同的朝聖指南，只是閱讀時所畫的重點不同罷了！」

對關心朝聖的人而言，莎利亞另有一個重要意義：根據聖雅各協會的規定，只要徒步超過一百公里就可領到證書。因此，對時間有限又想取得朝聖證書的人來說，用五天的時間走完「最後一百公里的朝聖路」，就成了CP值最高的一種方式。

從莎利亞走到聖地牙哥德孔波斯特拉大教堂，剛好吻合這項要求，因此該城自然成了理想的出發地點[1]。若是騎單車，最低的要求是騎完「最後二百公里的朝聖路」，那麼推算一下，理想的起點應該會是蓬費拉達。無怪乎莎利亞到處看得到旅館及庇護所，我猜要在這裡買本空白的朝聖護照亦非難事。加上這些短程的朝聖者，我想自明天開始，朝聖步道上應該會比較擁擠些。

醫院騎士團的領地——波多瑪琳

繼續朝西行，再度連接上朝聖之路。過了中午，太陽開始發威，雖然已遠離高山，但接下來的這段路一點都不輕鬆。有很長的一段距離沒有村落或小店，找不到可以歇息的地方，而且長上坡一而再、再而三地出現，直到抵達帕西奧斯（Pacios）這個小村子。

我們迫不及待地鑽進映入眼簾的第一家小店，猛灌冷飲。休息了一會，才重新出發。接下來的九公里是個下坡段，此時我的眼睛和我的心，才真正感受到加利西亞的田園景色。加利西亞地區濱臨大西洋，深受海洋季風的影響，雨水充沛，素有Green Spain的稱號。順著坡下，我們騎過了綠色草地、長滿橡樹林的山丘和帶有鄉間氣味的平坦原野，徹底翻轉了過去幾天對西班牙乾燥枯黃的

1 根據官方統計，二〇一六年抵達聖地牙哥德孔波斯特拉，且拿到證書的朝聖者共有二十七萬八千二百三十二人。當中有二五．八三%是從莎利亞出發，占了近四分之一，而從聖讓皮耶德波爾出發的人占了一二．一二%，爲第二名。

遠遠地就可看到波多瑪琳的大水庫。

印象。下午五點半左右，我們終於看到了位於水庫邊的波多瑪琳（Portomarín）。

今晚我們住在Hotel Portomiño，根據旅館提供的交通資訊：只要先找到小鎮的地標——聖約翰教堂（Iglesia de San Juan）就不難找到旅館。波多瑪琳不大，教堂在四周低矮民房的襯托下，格外突出，遠遠就能望見它。

波多瑪琳原是醫院騎士團（Knights of St. John of Jerusalem）的領地，騎士團在谷地裡建立了這座教堂，除了提供庇護所及醫院的功能之外，還可就近護衛河上的橋梁（River Miño），確保朝聖道路的通暢。

這座仿羅馬式的教堂巨大宏偉，上方附有防禦功能的角塔、城壕垛，再加上內部簡約無華的裝飾，不但外表像個戰鬥功能完整的城堡，也讓人感受到騎士團的「軍人」本質。讀了導覽解說才知道，五十多年前為了修築水庫，這座教堂和城市都是從如今被水淹沒的山谷中，拆解一塊塊石頭，

聖約翰教堂。

朝聖者的石雕似乎在迎接前來的朝聖者。

加以編號、遷移到高地，再組合重建而成。

盥洗後，拖著鬆軟的腳步走出旅館。大街上隨處可見洗盡一身沙塵的朝聖者，晒紅了的臉龐充滿笑意；路旁的露天咖啡座也都滿座，交頭接耳、笑聲不斷。仔細一看，這些人各個衣衫清新、頭髮服貼有致，一眼就看得出他們是朝聖路上的新鮮人：從莎利亞才走了第一天的朝聖者。廣場上亦可瞧見沐浴後，也難洗去一身疲態的老兵，他們大都安靜地坐在石階上，或閱讀、或靜思，享受著晚餐前難得的輕鬆和恬靜。

教堂前廣場有座朝聖者的石雕，張開的左臂似乎在迎接前來的朝聖者。相信許多疲憊不堪、步履蹣跚的朝聖者，會坐在石雕基座的台階上稍作停歇，或許順便處理長滿水泡的雙腳。不知當他們聽到前方還有遙遙的九十公里路時，心頭會感到頹喪或欣慰？然而，若他們和我一樣，已經成功地自聖讓皮耶德波爾一路翻山越嶺，完成了長達七百公里的旅程，相信會和我現在的心情一樣：疲憊中帶著更多的欣慰。把剩下的一切、明天以後的一切，當作此刻拂面的微風，迎向它。

19 凱爾特的驅邪儀式

日期 2014/06/11
天氣 陰，濃霧
目的地 阿爾蘇阿
路徑 波多馬林（Portomarín）→帕拉斯德雷（Palas de Rei）→梅利德鎮（Melide）→阿爾蘇阿（Arzúa）→住宿地點Casa da Iglesia
距離 76公里

晨起，天空陰霾且有濃霧，讓我聯想起旅程第二天夜宿埃烏希的經驗，我猜可能都是緊靠水庫邊、水氣凝重的緣故。

今天的路程有點複雜，一共要換騎四條公路：LU633、N-535、N-547再轉AC-905，才能到今晚的民宿。沿著LU633，差不多快到十字醫院（Hospital de la Cruz）之時霧氣散盡，視野頓時清朗起來，這才看清楚原來單車和徒步者都走在同一條路線上，更發現徒步者自幹道兩旁的小徑，不斷地匯流進來，人數之多、密度之大實爲僅見，深深體會到「五日完成一百公里」的朝聖方式廣爲徒步人士所採用。

沿途不斷地穿過許多小聚落，也不時貼近許多農舍，甚至從窗口走過之時，透過白色鏤空的蕾絲窗簾得以窺見室內的陳設。空氣中經常瀰漫牛圈、雞舍的氣味，還可以和在田地裡工作的農夫揮手打招呼，與提著牛奶鐵桶、迎面而來的農婦互說「Hola」，處處飄散著加利西亞濃濃的農家味。

章魚店風波，鐵娘子生氣了

喝完咖啡，在離開之前大家相互徵詢適合的午餐地點。淑芬翻出指南告訴大家，二十公里外的梅利德（Melide），有家頗獲網友們稱讚的章魚店 **Pulpería Ezequiel**，若依我們慣常的騎速，應該可以在一點三十分左右（這是正常的午餐時間）趕到該鎮。大家都覺得這主意不錯，就這樣拍板。淑芬把章魚店的地址抄給大家之後，就陸續出發了。

想到中午能吃到可口的加利西亞風味餐，大家又興高采烈地往前騎。但這二十公里盡是上上下下的坡，騎起來一點都不輕鬆（沒把地圖上的等高線放在心上是個失策）。好不容易進到小鎮，核對一下手上的地址，發現章魚店所在的那條大街，竟然是一條長長的上坡道，而當時我們所站的位置正好在坡道的最底端。大夥兒都有些疲態和飢餓，加上日正當中，望著那條長長的坡無不唉聲嘆氣。更令人抓狂的是好不容易下定決心、用了最後一口氣騎上去，那地址（**Avenida Lugo, 48**）竟然不是期待中的章魚店，而是一戶普通的民宅。那章魚店呢？我的腦門一陣發昏。

我和先到的淑芬兩人沿街一戶一戶地來回搜尋，一再確認這裡的確是四十八號，但鼎鼎大名的章魚店到底跑到哪裡去了呢？雖然同一條街上還有不少家章魚店，但都不是我們要找的那家。後到的三人紛紛在馬路邊找遮陰處躲太陽，看我倆推著車跑前跑後，也不知道該如何幫忙。

最後，我決定放棄，認爲不如就地挑別家章魚店，解決肚子餓的問題爲先。然而尚未死心的淑芬卻不認同，她沒理我，轉頭繼續往前走。

我喊住她：「喂，隔壁就有一家，去那一家好不好？你聽到沒？」

她回我：「你怎麼這麼輕率？隨便就想進去吃了？」

我回她：「喂、喂！現在都快兩點了，你想怎樣啦？」

我立定不動，不走了，而她不理會我，繼續走她的。她好像吃了秤砣鐵了心，固執地非要找到那家店不可。其他三人見狀都靠過來關心，我則杵在那裡搖頭。

突然聽見淑芬在前面大聲召喚，說：「喂！找到了！」

幾個大叔趕緊靠了過去。沒錯，招牌上好端端地寫著 **Pulpería Ezequiel**。誰也沒料到餐廳搬了家，居然還被淑芬找到，皇天果眞不負苦心人。終於可以吃飯了。

服務人員領我們到一張大型的長條木桌，四個大叔坐下來，一回頭卻看見淑芬故意閃到另外一桌，四個魯鈍的大叔才驚覺這小女子不開心。她突然這樣會不會是我惹的？我不免自問，但此刻沒力氣追究，就

左／章魚腳撒上辣椒粉，再配上啤酒、可樂，絕配！**右**／ Pulpería Ezequiel 是家熱門的餐館。

讓她獨處一下吧！

每個人先來杯五百 c.c. 的冰鎮啤酒，再來一大盤招牌菜——蒜香章魚。這些切成一小段、一小段的章魚觸腳，吃起來意想不到的軟嫩，令我想起村上春樹曾在愛琴海的小島上，看到當地村民是如何料理捕獲的章魚，我想，我口中的章魚應該就是如此料理。

吃飽了，再次上路。淑芬還是離我們遠遠的。

邁克大叔的內心話

烈日依舊，但路途平坦許多。差不多還要十七、十八公里才會到阿爾蘇阿（Arzúa），這距離足夠我反芻中午發生的意外事件。我反覆推敲，這位鐵娘子很可能事先就鎖定了這家章魚店，非讓大家吃到最正宗、最好吃的章魚餐不可。

只是沒料到在大家又累又餓之時，竟找不到那家店，偏偏氣急敗壞之際，又看到幾位大叔不耐煩的臉色，而我不識相地頻頻催促，要她隨便找家店來解決這一餐。她的堅持沒得到大家的諒解，應該讓她覺得很受傷，不由得生起悶氣來。

此時回想、追究，只能歸咎幾位大叔的魯鈍：不懂得察言觀色、無法解讀細微的情緒變化，以及即時看透女性隱晦的肢體語言。記得書上曾提到：「當女人心情不好，或感情受傷時，另一個女人幾乎可以立刻感應到，但男人就不行。除非他看到她哭泣或發怒，要不然就是直接被對方呼了一巴掌。要是沒有這些具體的行為，男人壓根就不會明白到底發生了什麼事。」仔細想想，還真的有道理，或許，隊伍中若還有另一女生，可能就不至於如此了。

凱馬達的傳說

抵達阿爾蘇阿市中心之後，很快地就找到前往民宿 Casa da Iglesia（教堂之家）的轉折點——公路 N-547 與 AC-905 的交叉口，往後就只剩下八．一公里了。

民宿的位置不在朝聖的主要幹線上，民宿主人答應為徒步的朝聖者提供接送服務，但我們是騎車，覺得這段距離乃區區之數，打算直接騎過去。沒料這段路途呈現一個巨大「深V」的形狀，在烈日下大家騎得死去活來。想到明早又得再騎一回，不由得心生奇想，期盼這家主人也有一輛牽引機。

這是一家相當不錯的民宿，寬敞舒適，還有一個大的晒衣場。雖然主人幫我們準備了晒衣繩、晒衣夾，但我們就偏愛豪邁地把衣服披在綠色圍籬上。湖邊就在不遠處，一旁有座形式怪異的建築物，近日來經常可以看得到，本以為是個神龕，向主人打聽後才知道它是穀倉（或糧倉），當地稱作 Hórreo，在伊比利半島西北部，尤其在加利西亞地區非常普遍，通常是木造或磚造，會離地高架，防範鼠類偷吃。

晚餐是在民宿搭伙。要開飯了，人都到齊就少淑芬一人。艾瑞克悄悄問我，要不要叫淑芬過來

Hórreo 是加利西亞地區常見的建築物，當作穀倉、糧倉使用。

吃飯？我猶豫了一下說：「多留給她一些時間，好讓她整理一下自己。」

晚餐過後，男主人感性地宣布：我們是他第一批接待遠自台灣來的貴賓，因此他要特地表演加利西亞的傳統歡迎儀式，我們樂不可支地期待著。

只見他自廚房端出一個大陶缽和幾只陶杯。首先在陶缽內倒入烈酒（葡萄酒經蒸餾過後所得的烈酒），加進糖、肉桂、檸檬皮和咖啡豆，經他調和之後再點上火。點火時他順手關掉大燈，剎那間自陶缽裡拉出一杜藍色的火焰，火焰在他的操作下忽長忽短，令人驚訝。昏暗的室內，人的臉孔被閃爍不定的藍色火焰映照下，顯露出一股神祕而弔詭的氣氛。男主人來回地拉扯，直到火焰漸漸轉弱。

當美麗的藍色火焰消退之後，陶缽內的液體酒精濃度依然很高。主人將之倒入陶杯中，當作餐後甜酒。大家舉杯，互助健康，一飲而盡。

表演過後，不待男主人收拾餐桌，我們緊拉著他，請他告訴我們這儀式的由來，他故帶神祕說：這儀式叫凱馬達（Queimada），是種古老的凱爾特驅邪儀式。

在一四九二年哥倫布發現新大陸之前，位於歐陸最西端的加利西亞地區，被認爲是「世界

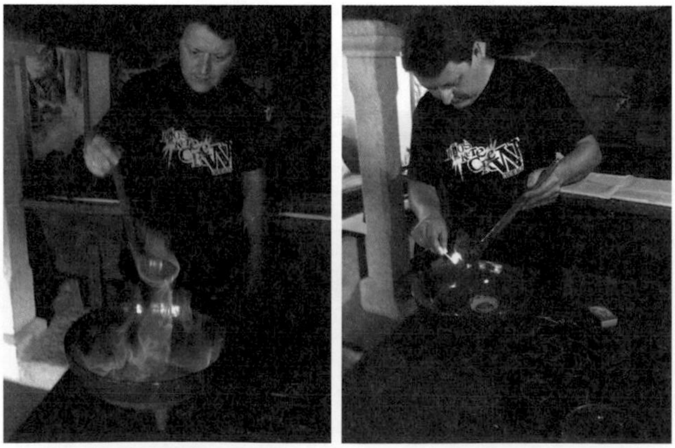

左／閃爍不定的藍色火焰有股難以言喻的氛圍。
右／陶缽內倒入烈酒，再加入其他食材調和，接著便點上火。

淹沒在荒草之中的教堂有種荒涼感。

的末端」。當地居民的生活習性深受凱爾特文化的影響，且由於加利西亞濱臨比斯開灣和大西洋交會地帶，多雨和潮溼帶來長年霧氣瀰漫，加上森林茂密，產生許多女巫和妖精的傳說。

有別於西班牙其他省份的酷熱、激情、吉他演奏及佛朗明哥舞蹈的傳統，加利西亞的文化充斥著魔法和神祕儀式，漆黑的天空中會有騎著掃帚的女巫盤旋。當藍色的火焰點燃時，加利西亞人會吟唱黑色的咒語，這個咒語實際上是首古老的詩歌，可以保護靈魂免受四周惡靈的侵擾。

餐廳要打烊了，但我亢奮的情緒還停不下來，趁著夕陽尚未西沉，我信步走入凱爾特的黃昏。打量四下，離民宿不遠的地方有座年久失修的荒廢教堂。這家民宿的名字之中有「教堂」一詞，莫非指的就是這座教堂？我靠近去探個究竟，在華月初上之時，只見它淹沒在荒草之中，頗有一種不該出現於此地的荒涼。

20 朝聖旅程的終點

Spain

日期 ● 2014/06/12
天氣 ● 萬里無雲
目的地 ● 聖地牙哥德孔波斯特拉
路徑 ● 阿爾蘇阿（Arzúa）→戈佐山（Monte de Gozo）→聖地牙哥德孔波斯特拉（Santiago de Compostela）
距離 ● 40公里

一早，步出房門就看見民宿主人和一位鄰居友人，在屋前草地上忙著把我們的腳踏車擺進轎車的後車箱裡，淑芬也在一旁幫忙。我走過去加入他們的行列，偷偷瞥了淑芬一眼，發現她似乎恢復正常。看到我的出現，她給了我一個微笑。

我們被連人帶車一起載至阿爾蘇阿鎮上，就在AC-905與N-547的路口放我們下來，即將再上征途。

出城沒多遠，就看到路牌標示著距離聖地牙哥只剩三十六公里。亞瑟隊長見狀，顧不得前方依舊是層層疊疊的山路，興奮得大叫：「Santiago, I am coming！」一路向前衝了過去。他激昂的情緒感染了所有人，大家也跟著大聲呼嘯、加快踏板的速度，五匹飛奔的鐵馬好比五支飛箭，射向聖地牙哥。

單車破胎記

穿過一片樹林，林內的小徑不但蜿蜒曲折而且還有點起伏，除了有三五成群的朝聖人群，還有許多在此休憩的遊人。突然，淑芬在我背後大叫：「邁克、邁克，我的輪胎破了！」我隨即停下車。

淑芬說：「我發現後輪會搖晃，像跳曼波一樣，下車看才知道輪胎沒氣了。」的確，後輪扁了，應該是破胎沒錯。這個場面不是我的拿手菜，必須立即找幫手。我記得亞瑟剛剛才超越我，應該在前方不遠，當下吩咐淑芬待在原地，我去把亞瑟找回來。

一抬頭，看到亞瑟黃色的車衣遠遠地在樹林間忽隱忽現。距離有點遠，我只好使出洪荒之力大喊：「亞瑟、亞瑟，停下來！」一次沒聽見，再喊：「亞瑟、亞瑟，回頭！」這般的嘶吼立刻引來周遭遊人的側目，但管不了那麼多，丟臉就丟到底吧！再次扯開喉嚨，用力喊了好多次，終於引起亞瑟的注意。

亞瑟彎下身開始診斷災情，不一會浩苓和艾瑞克也陸續到來。看到浩苓到來，亞瑟順理成章地把拆卸後輪的工作交給他。浩苓是我們認定的「隨隊技師」，眼下這等局面正是大師出手的時機。「且慢！」淑芬大吼，好像觸電般、突然想起什麼似的，擋下了浩苓，對著亞瑟說：「隊長，這都是你惹的禍，你要全權負責！」衆人無不抬起頭、瞪大眼睛疑惑地看著淑芬，此話怎講？

原來，昨晚在餐桌上，亞瑟心血來潮地對著大家說：「感謝上帝，我們太幸運了，這一路過來到目前爲止都沒出什麼意外……」此話一出，馬上激起一片譁然，不約而同地大叫：「亞瑟，別烏鴉嘴！」我連忙敲餐桌三下，試圖消災解厄。顯然，並沒發生作用。一語成讖，如今詛咒應驗了！

這下可不得了，紛紛起鬨，鬧得亞瑟百口莫辯，只好就範，乖乖地再蹲了回去。原以爲會是個焦慮的場面，立刻變調爲輕鬆逗趣的氛圍。

「隨隊技師」立刻升格爲「技術督導」。當亞瑟埋頭作業的時候，浩苓在一旁下指導棋。一會挑剔這、一會挑剔那；這不合格、那沒到位。每挖苦一次就回過身，古靈精怪地對著我們擠眉弄眼，然後自己又忍俊不住地竊笑；想必覺得這位平日受人敬重的亞瑟隊長，居然落到他的手中，雖然有些僭越，卻又掩飾不住那種平白撿到槍的得意。畢竟，平時哪有機會可以明目張膽地修理隊長？！

引頸期盼的歡愉之丘

從第一天騎上法國之路後，這一路不知遇到多少和朝聖有關的紀念碑、雕像、石柱、里程碑等等，然而，最吸引我注意的是那些刻畫朝聖者的雕像。

這些豎立在路口或廣場的雕像，都在描述朝聖者即使長途跋涉，在肉體及精神極度痛苦的狀況下，仍以堅忍不拔的毅力繼續那未竟的心願，例如，不畏嚴酷的天候，在風雪中挺進；斜靠在廣場一角閉目喘息，臉龐流露出無盡的倦容；跌坐在石板凳上，雙手搓揉痠痛腫脹的雙足。這些栩栩如生的雕像讓人感動，體認到古代信徒的朝聖是多麼不容易。但是，在我心中，沒有一座雕像能比得上戈佐山（Monte de Gozo）那兩尊朝聖者雕像的份量。

歡愉之丘上的紀念碑。

事前查資料得知，進入聖地牙哥德孔波斯特拉、距離大教堂約五公里之外，就會路過戈佐山並見到銅像。這一對精美的青銅雕像，描繪了中世紀朝聖者抵達時的喜悅。看著網路上的圖片，可以想像，儘管他們已經疲憊不堪，還是要奮力爬上山坡，只爲了站在高處眺望前方的聖城，只爲了那一瞥、也是他們一生的期盼。他們感動流淚，所有的汗水辛

戈佐山上精美的青銅雕像。

勞在此刻都化爲烏有，心中只有喜悅，無怪乎這隆起的山丘會被命名爲「歡愉之丘」。

當我興致勃勃地騎上歡愉之丘之後，卻找不到思慕已久的朝聖者銅雕，只有一座像馬雅金字塔般的紀念碑在那。百思不解，我在山丘附近再三兜轉仍不得要領。我詢問路旁唯一的小販：「這裡是Monte de Gozo嗎？」「沒錯，這裡就是！」小販斬釘截鐵地回答。

浩苓推測我要找的銅雕，可能在徒步者路線上；淑芬則說，或許是星移物換，那兩尊雕像可能被這座紀念碑取代了。一時間，很難接受這些理由，不相信它會憑空消失。我有股衝動，很想回頭看看到底是在哪裡錯過了它。

氣急猶豫之際，四位伙伴在路邊列隊站好，雙腿都已跨立於車架兩側，隨時可以啓動，就等我的決定。如果我要，相信他們一定會陪我騎回去找。但很快地，我想到了昨天中午的章魚店事故。儘管我心中吶喊：「不是這裡」也只能接受這個事實。帶著失望和遺憾，我離開了歡愉之丘。

領取朝聖者證書

此刻離城已經不遠。進城不難，只要順著眼前這條Rúa do Gozo一路往下滑，緊盯著大教堂的塔尖當作指標，很容易就可找到我們要去的地方。

騎過好幾道十字路口，大公車在身旁呼嘯而過，我們進到了繁忙的市區，「Welcome to

Santiago」的大型看板隨處可見。歷經半個多月，完成超過八百公里的路程，我們的終極目標——聖地牙哥德孔波斯特拉的大教堂就快到了，情緒不自覺地逐漸升高。

隨著愈來愈接近舊城中心，老城的街道愈來愈窄，兩旁的建築物似乎也隨之增高，大教堂的塔尖變得忽隱忽現。雖然我知道哪裡可以找到通往大廣場的入口，但得先忍住這股衝動。我們必須趕在朝聖者協會辦公室（Oficina de Acogida al Peregrino）[1]打烊之前，領到朝聖者證書（La Compostela）。

抵達協會辦公室前，發現人還眞不少。將車擺放好，我們也加入這條長長的人龍，寸步、寸步地往前移。隊伍的長度幾乎占去了半條街，爲避開熙攘往來的行人，人龍只能緊貼著建築物。隨著人龍拐進一個低矮的門廊，再往前推進到一個小中庭。中庭有如小花園，正午的中庭陽光燦爛，相較之下，中庭底邊的辦公室則深邃幽暗。待會，所有等候者都要在那裡接受最後的審判，看看手中的朝聖者護照是不是都可以換到一帖「贖罪券」。

在中世紀時，領取證書必須經過嚴格的審查，畢竟一旦審核通過，那張用拉丁文寫的證書是可以赦免一年的罪。若是在「聖年」完成朝聖的人更能獲得大赦，無條件地將此生世俗的罪過一筆勾銷。可想而知，祈求「贖罪」的誘惑是何等巨大，教會當局勢必愼重嚴審。

等了將近一個鐘頭，終於輪到我們。被召喚進去之前，我暗自推演了考官可能詢問的題目，但輪到我時，那位留有落腮鬍的中年男子，只是從頭到尾地檢視我蓋滿戳章的護照，並沒有詢問任何問題，然後把我的英文姓名用拉丁文塡寫在證書裡，再押上日期，便面帶微笑地把證書遞交給我。

證書不用付費，但走出辦公室之前，我特地用二歐元買了一個護筒，除了保護證書不會折損、也方便攜帶。

待五個人到齊，便一起離開協會辦公室。一身的輕鬆、滿心的歡喜。

歐布拉多伊洛廣場

終於來到歐布拉多伊洛廣場（Plaza de Obradoiro）。牽著自己的愛車，步行穿過隧道般的甬道進入廣場。

五個人，五輛車，一字排開，遠遠地凝望著那座我們千里迢迢追尋的大教堂。大教堂果然雄偉，但怎麼布滿鷹架？原本十分的熱情頓時被澆熄了三分。原

1 翻譯成英文則是Pilgrim's Reception Office。

左／朝聖者協會辦公室，排隊等待核發朝聖者證書。**右**／艾瑞克展示他那本蓋滿戳章的朝聖護照。（淑芬提供）

來，大教堂的立面正在整修，醜陋刺眼的鷹架、篷布遮蔽了大半個立面，就像在敷臉的美女一般。爲了看清廬山眞面目，恨不得撕了那張面膜。

但這一點點的失望，很快地被「達成目標、完成使命」的興奮和感動所取代：激動的浩苓驕傲地引頸吶喊：「耶！我辦到了！」淑芬忍不住在大教堂前飛起跳躍，我則想找個好角度，讓坐騎和大教堂一起入鏡，唯獨遲暮老人亞瑟又重彈起他「無感、無知覺」的老調，一直問自己：「奇怪？我怎麼一點興奮的感覺都沒有？」

這的確是個魅力非凡的廣場。站立在廣場的正中央，移動腳跟，環視，可以欣賞到令人印象深刻的建築成就。廣場的四邊皆由歷史悠久的建築所圍繞，呈現出不同的建築風格，好似專爲歐布拉多伊洛廣場安置的一幅精美相框。

黃昏時的大教堂轉變成飽滿的金黃色，美哉！

上／一路上相互作伴的伙伴們。**下**／到目的地了，索性先休息片刻再說。

當然，這廣場最重要的建築體就是主教座堂，朝向廣場的正是教堂的西側大門，也是教堂最精彩、最雄偉的立面，而舉世知名的「榮耀之門」（Pórtico de la Gloria）就是從這裡進去。此地自然成爲衆人矚目的焦點，在宗教層次上，更具備了無以倫比的崇高精神象徵。

我在廣場上找個視野寬廣的地方坐下來，悠哉地看著一批又一批進到廣場的朝聖者：有的成群結隊、也有形單影隻的，有的同我一樣是騎著單車來的，但大部份是徒步而來。

這廣場被視爲朝聖旅程的終點，活像個大舞台，一幕幕的衆生百態在眼前上演，令人目不暇給。有人激情地相互擁抱、擁吻，看著他們成功達陣時的歡笑跳躍、喜極而泣的情感流露，不自覺地也沾染上那份強烈的喜悅；也有人高舉雙臂、對空嘶吼，顯露出志得意滿、如願以償的神氣；有的人卻顯得踽踽涼涼、悵然若失的樣子，彷彿在追問自己：就這樣結束了嗎？That's the end? What now? What the next?

最讓我心動的畫面是一些獨行的朝聖者，背負著大背包，邁著蹣跚的步伐，腳上一雙歷盡千山萬水的舊鞋，一張風塵僕僕的黝黑臉龐。他們站在廣場前凝望，一種恆久的凝望。望著前方的教堂，聖雅各埋骨的地方，我情不自禁地盯著他們看，彷彿看到了昔日的朝聖者——那些中世紀的朝聖者，彷彿這是他們才配擁有的凝望。

廣場上風雲流轉，太陽逐漸西偏，大教堂由原本的暗褐色逐漸轉化成飽滿的金黃，儘管布滿鷹架篷布，也阻擋不了它原有的金碧輝煌，我不禁喊出：「好壯麗的建築！」

這時候鐘聲響起，起初只有三、兩聲，卻彷彿喚醒了周邊所有的教堂，鐘聲在廣場上、巷弄石牆間此起彼落，銅鐘交互鳴響不絕於耳，讓我感動萬分。環顧四周，那些背包還沒卸下，雙手持著登山杖，一臉風塵的朝聖人群，無不緊緊相互擁抱，有的甚至當衆哭了出來。整個廣場充滿歡樂的氣氛，頃刻間，綿密不斷的鐘聲幻化成萬人大合唱，讓我有如置身在音樂廳中，那裡演奏著貝多芬《第九號交響樂曲》，而這時正是大合唱：

我們心中充滿熱情，來到你的聖殿裡

你的力量能使人們，消除一切分歧

在你光輝照耀下面，四海之內皆成兄弟……

這鐘聲，製造出一種歡樂、釋放的氣氛，我好高興順利完成這趟旅程。

我們辦到了！

21 終點之後，旅行繼續

Spain

日期 ● 2014/06/13-14
天氣 ● 晴
目的地 ● 聖地牙哥德孔波斯特拉&菲尼斯特雷角

在一場漫長的旅程之後，我耽溺於抵達後的倦怠，不趕行程的日子就讓它徹底頹廢。在聖地牙哥，我們足足有兩天的空檔，可以肆無忌憚地賴床、慢條斯理地吃早餐，當然也可以慵懶耍廢、無所事事。

話雖如此，該做的還是得打起精神，想做的也要掌握時間，按預訂計劃去執行。

確保愛車安然返家

終極目標業已達成，但最後還有一項工作必須完成：將愛車運送回國，人車一起平安返家。從聖地牙哥德孔波斯特拉飛往巴塞隆納，我們選擇的是西班牙國內航空 **Vueling**。它算是一家廉價航空，機上的服務非常有限，沒有娛樂、不提供任何免費的餐。機票票價中加購一件二十三公斤的託運行李，而包裝好的腳踏車加上行李，重量在這個安全範圍內，因此腳踏車託運就不需要另外付費了。接下來，只剩下腳踏車的裝箱及機場運送。

在聖地牙哥德孔波斯特拉，要找一家具備這些服務的腳踏車店並不難。亞瑟挑了距離我們旅館最近的 Bicicletas Velocípedo，並負責溝通交涉：腳踏車交給店家包紮裝箱，並安排車輛送我們人車到機場。從旅館到機場，一輛箱型車裝五部單車，一輛計程車載人，簡單輕鬆。

中午十二點的彌撒

每天中午十二點，主教座堂會有一場專為朝聖者舉辦的彌撒。對朝聖者而言，這是最後也是最重要的一項儀式，千萬不可錯失。十一點一刻，我就進到教堂裡，此時巨大的廳堂幾乎要滿座，但人潮仍不斷地自四面八方湧入。這是我第一次進來，立刻被教堂金碧輝煌、精雕細琢的裝飾所迷惑，分不清楚東南西北。

我不急著坐定下來，反而在人群中四處遊走觀察，想知道祭壇在哪個位置，以及傳奇的銀香爐（botafumeiro）懸掛在哪裡；察看環境並預測香爐可能擺盪的方向，來考慮自己應該站在哪個位置拍照。

「擺盪香爐」的儀式自古就有，原本的用意是在熏香除臭，已有千百年歷史。古時候朝聖者餐風露宿，要洗個澡不容易。試想，在這教堂的大殿內，湧進上千數月沒洗澡、混身髒兮兮且臭不可

繫在長繩上的大香爐。

聞的朝聖者，主持彌撒的神父很可能在半途就被臭氣給熏死。因此，爲了淨化空氣，在主教座堂的大殿內，擺盪點了薰香的大香爐實有必要。

接近正午時，大廳內眞的是水泄不通、人聲雜沓，分不出誰是朝聖者、誰是觀光客。不過，當教堂震耳的管風琴聲揚起時，那氣勢磅礡、莊嚴肅穆的琴聲立刻讓所有人安靜下來。儀式似乎即將開始。不久，唱詩班歌聲響起，大主教、神父、修女陸續走了進來，當我舉起相機準備獵取鏡頭時，發現我的前方同時也有數以千計的手機、相機高舉過頭，閃光燈閃爍個不停，蔚爲奇觀，不禁莞爾。

彌撒正式開始之前，工作人員會先用西班牙語唱出昨天至今有多少位

擺盪香爐要有許多人來操作。

朝聖者、來自什麼地方，以及總共有多少朝聖者。儀式中有神父的祈禱、有詩歌領唱，儀式莊嚴肅穆並充滿喜樂。在信徒排隊領受聖餐之後，一群穿著醬紅色袍服的僧侶進場，接下來就是眾人期盼的甩香爐儀式。

那座白銀鑄造的香爐重達五十三公斤、高一．五公尺，由高懸於拱頂的幾條粗麻繩垂掛下來，得要八個男子才晃動得了它。他們先把香爐點著，接著往下拉扯繩索將香爐吊起，然後輕輕扯動繩索，香爐開始擺動。原理就像盪鞦韆一般，他們一再拉扯繩索，透過一鬆一緊的節奏，香爐的動能逐次增加，擺盪的弧度逐漸加大。

最後，巨大的香爐甩向令人暈眩的高度，飛越在翼殿的兩側，抵達天穹，再擺盪回來，空中留下一長串的煙塵，有如彗星的尾巴，令人驚呼。這時候，管風琴的琴聲伴隨著有如天籟般的歌聲，響徹廳堂各個角落，那擺盪至天穹的香爐彷彿攜帶著底下所有仰望者的心願，飛向天際、飛向上帝。我雖不是教徒，但那一刻，仍感受到難以言喻的莊嚴神聖而感動不已。

地之角

身在聖地牙哥，尚有充裕時間的朝聖者，通常會追加下列三個可能的去處：帕德龍（Padrón）、菲尼斯特雷角（Cabo Finisterre）或穆希亞（Muxía），這三處皆是濱海之地，也都算是朝聖之路的延伸。我和淑芬選擇了三者之中名氣較大的菲尼斯特雷角。

在哥倫布還沒發現新大陸以前，西班牙人認為這裡就是世界的盡頭。若把 Finisterre 拆開來看，「finis ＋ terre」在拉丁文意思就是「地球的終端」（End of the Earth），若以中國人的用語，這不就是「天之涯，地之角」？後來，葡萄牙的羅卡角（Cabo da Roca）被證實才是歐洲的最西端，但並沒有改變人們對 Finisterre 的稱呼和想像而沿用至今。

然而，這樣的名稱也延伸出一個以訛傳訛的謬誤：這個地點普遍被誤認為朝聖之路的終點。儘管有眾多的朝聖之路，但其終點全都指向聖地牙哥德孔波斯特拉：聖雅各的墓地。[1] 只是，古時候許多朝聖者來自於歐洲內陸，既然完成了朝聖的心願，何不再多花三天的時間，徒步來到這地表極西的「地之角」見識一下海洋呢？

有趣的是，這裡雖然不是朝聖的終點，卻是「Buen Camino for your life」的起點，這兒有個令人振奮的 Camino「0 km」扇貝地標。據說，朝聖者來到這海邊，將徒步多日的髒衣物和破鞋子，面向大西洋以火燒盡，象徵燒去過往的不愉快和不順遂，讓一切隨風而逝。當他轉身，在回家的路途上，儼然已經變成一個「全新的我」。因此，這裡成了朝聖路上一個重要的生命轉折點。

---

1 在眾多的「朝聖之路」當中，Camino de Finisterre 可說是唯一以聖地牙哥為起點的一條路，終點即是菲尼斯特雷角，全長八十八公里，一般徒步者用三天完成。

旅途上的同伴

才登上前往菲尼斯特雷角的巴士，就發現那對德國夫妻已經安坐在車上，眞是太高興了。當我完成朝聖路之後，曾在歐布拉多伊洛廣場上與這對夫妻相逢。他們採納了我的建議，放棄原本想租汽車去菲尼斯特雷角的念頭而改搭巴士。這對夫妻和我一樣，也是以騎車的方式走完法國之路，彼此對停歇點的選擇和騎車的速度大致相同，因此經常相遇。停下來，彼此閒聊幾句、話話家常，算是旅途上的同伴了。

這一路走下來，發現朝聖路另有一迷人之處，就是你不知道明天會遇見誰，會和誰同在一處屋簷下躲雨、會和誰同桌一起喝杯咖啡。在朝聖路上，彼此都懷著相同的目的，都歷經過類似的經驗，有著太多共同的交集，很容易就把心房打開。這也是朝聖路令人難忘的一部分。

沒多久就看見了波光粼粼的海洋，那是大西洋。看了近半個月的黃土、青山，如今換上了蔚藍的海水，眞令人興奮。巴士沿著海灣、靠著崖邊行駛將近二小時。下車分手之前，我和德國夫妻交換了電子郵件，並詢問對方下一個遠行的目標，這對夫妻也極力邀我明年去他們的國家——德國。

其實，到了我這般年紀，就不太願意和對方說「再見」這一類的話，尤其在異國短暫相逢的情況下，我心裡明白，極有可能此生不會再相見。這樣的經驗我有不少，尤其是在窮山惡水之間：在EBC的路途上、往Island Peak的途中、在Patagonia的W-Track上。有那麼一段時間，我們結伴同行，患難與共，成爲彼此生命裡最親密的戰友。分手後，地球依舊自轉，生活還須繼續，只要還在路上，我們各自都還會有新的朋友。分手時，我多半說「珍重」多過說「再見」，眞誠地爲曾經的朋友祝福，希望他們認眞地活在當下。

漁事博物館

這是個小港市，下車的地點十分靠近漁港，可能是與朝聖的關係密切，頗有幾分觀光的氣氛。海港邊羅列了不少咖啡吧和海鮮餐廳，看到了這些，我心裡篤定，中午吃飯不會太費周章。

我們所期盼的「地之角」位於漁港南方三·五公里處。時間充裕，於是安步當車，一路慢慢地晃蕩過去。在臨海的一個岬角上，有座廢棄的碉堡名叫 San Carlos，如今改成一座小小的漁事博物館（Museo da Pesca de Fisterra）。

館內收藏了不少昔日的照片，讓人有機會看到當年這座漁村的風貌。館主是位像老船長模樣的中年男子，看到我倆進門便熱心地介紹館內的收藏。他拿起梭子生動地描述魚網的編

這是捕章魚的籠子。館長正解釋漁夫是如何誘捕章魚。

織過程，他說浸泡過松脂的棉線會變成黑色，韌度會增強，而且黑色的網線在海水中亦容易辨識，還解釋當魚群來的時候，漁船集體圍捕沙丁魚的戰術。他親自示範吹海螺，在古時候還沒有燈塔的年代，當天氣極差或起濃霧的時候，海螺的聲音可以提醒彼此的位置，以免相互碰撞，也可以傳聲給在家守望的妻兒：我就要回家了。

我看到了古代漁民如何測量海底水文的器具，還摸到了獨角鯨頭頂上的觸角，以及旗魚頭上的那把利劍。想不到一個無心的拜訪，竟帶給我這麼多稀奇有趣的體驗。

燈塔 Faro de Fisterra

在這三．五公里短短的距離內，不時會與背負大背包的朝聖者擦身而過，自己此刻一身遊客的打扮，彷彿是個離開戰場休假返鄉的戰士，見到昔日同袍便不由自主地迎向他們，對著他們比出大拇指並連聲大喊「Buen Camino！」因而換來許多開朗的笑容。

看到他們進到一處辦公室，在那裡領取朝聖者證書，以示完成了「Camino de Finisterre」。這裡的工作人員依舊仔細地審閱戳章所蓋的地點及數目，至少要有三枚，且必須是徒步或騎車才有資格獲取。我拿出朝聖護照請求蓋一枚此地的戳章，隨即遭到拒絕，協會的確很認真在把關，不容許有絲毫的僥倖。

離開博物館之後，先經過一座十二世紀的古老教堂，再順著海岸公路前進，不久，就能夠望到路底的燈塔。在這半島突出之地，沿途有許多和朝聖有關的地景和標誌。

首先看到的是個迎風邁步的朝聖者雕像，再往前有座立在岩石上高聳的十字架，這兩處都有不少遊客拍照留念。來到標示「0.00K.M.」的石樁前，每一位遊客、朝聖者都不會放過與這獨一無二的里程碑合照的機會。不過，倒是不見有任何人在此焚燒衣服。

燈塔不算高大，從這方向望去，好像只是把一般置於塔頂的燈具，擱置在一棟民房的屋頂上，少了一股聳立在懸崖邊上遺世獨立的想像。唯可告慰的是這燈塔的守護者（lighthouse keepers）必定就住在燈具下的屋子裡，既安全又穩當。向海的那一面有二支突出的霧笛，使我立刻聯想到在漁事博物館裡聽到的吹海螺故事。

繼續往前，繞過燈塔建築，往海邊走去就可以看到岬角的尖端，此時海天一色，令人心起天地悠悠的感受，也加深了我對海洋浩瀚無邊的印象。眼下有一個掛了許多舊襪子、舊帽子與舊衣物的十字架，附近的岩石上殘留不少焦黑斑駁、火燒過的痕跡，原來這裡才是朝聖者焚燒舊物的地方。焚燒，成了埋葬過去的一種儀式，也有朝聖者在岬角上遺留下鞋子，就像前方圓石上眾人爭相合照的那隻鞋子銅雕。

左／鞋子銅雕。**右**／「0.00K.M.」，Camino de Finisterre 的終點。

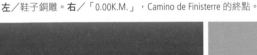

留下鞋子，象徵告別過去，讓往事就此止步。

晴空萬里、碧海藍天，陣陣的海風中摻雜著淡淡的海水腥味。我也曾經到過葡萄牙的羅卡角，它和菲尼斯特雷角一樣都擁有世界盡頭的稱呼，但兩者給人的感受竟是如此不同。在羅卡角，人們在這特殊的地理位置會興奮得手舞足蹈，但是，這裡則是宗教息氣凝重，人們多半安靜地獨坐、望海沉思。

我看看錶，知道必須離開了。今晚是在聖地牙哥的最後一個晚上，我們五人爲這趟旅程能夠安全順利地完成而舉行了慶功宴，打算要痛快地喝一杯！

左／擁有兩尊巨大霧笛的燈塔。**右**／岩石上的十字架，遠處就是岬角尖端上的燈塔。

旅行的終點

慶功宴結束，我刻意提前和伙伴們分手，再度回到廣場。到拉霍伊宮（Pazo de Raxoi）的牆邊，找了一根舒適的牆柱坐下來。人潮明顯少了許多，黑暗中偶爾傳來一、兩聲空啤酒罐滾地的聲音。夜空出現了月亮，雲朵生氣蓬勃。鐘聲再度響起，先是簡短地敲了三聲，金屬碰撞金屬的聲音，乾澀生硬，接著是蕩氣迴腸的十二響，好似翻騰的海洋，將浪花潑灑在廣場上。月光照亮一座座高塔和一棟棟莊嚴的宮殿。前方階梯底部通往大教堂的大門已經深鎖，但我知道在緊閉的門窗及高聳的巴洛克牆面之後，坐

廣場西側的拉霍伊宮。

落著年代更久遠的石雕大門，門柱上有耶西（Jesse）的樹和手印[2]，使徒就位在最高處。

我是這城市的陌生訪客，明天就要回家了。數年之後對這個城市、對這條法國之路，還會記得什麼？我又該如何向別人述說這城市、描述這趟旅程的種種？但我相信，對一座城市的記憶是有聲音的，例如這教堂的鐘聲。不只是這鐘聲，還有眼前這座堂堂皇皇的教堂及廣場上不斷上演的完成朝聖的喜悅。當然，還有那些形象鮮明、衆多背著背包的身影。

我不是教徒，騎這八百公里的法國之路亦非出於宗教之心。然而，當我停下來稍事休息的時候，看到遠處一小隊、一小隊的徒步者，在麥田間或綠地裡形成一條縱隊，維持著相同的速度前進。沒有風聲、交談聲、鳥叫聲、汽車呼嘯聲，我聽不到任何聲音，那股寧靜像眼前的山脈那般巨大厚重，壓得每位徒步者的軀體不得不向前傾。我驚愕而感動地凝視著他們，心想，一百年前的朝聖者在這條路上如此，一千年之前亦是如此。真不可思議，那時我心想：我會把這一幕幕牢牢地記在腦海裡。是的，我會把這些牢牢地記在腦海裡。

2 從西門進入教堂，榮耀之門（Portico de la Gloris）門柱上的「耶西的樹」，指的是耶穌的家譜；「手印」指的是門柱上的五指凹痕。

結語

這本遊記順利出版，最歡喜的莫非是那幾位和我同騎法國之路、年歲與我相仿的大叔們了。在他們即將由大叔轉入老爹之年，記憶力即將開始衰退之際，有一本書完整地記錄下一生一次屬於他們畢生難得的壯遊，可能會讓這幾位大叔再一次的熱血澎湃。

這次單車長征有如多年前網路上流傳甚久的「不老騎士機車環台」那般，自有一股激勵人心的力量，若把時間永遠凍結在文字裡，自己也就成了不朽傳奇裡的主角。光憑想像，就可以看見幾位大叔們把下巴抬起、揚起嘴角的那抹驕傲模樣。

十年，是很深的一種緣分。然而，這樣的情誼持續至今，其實得來不易。

「心不老」，這群伙伴來自各行各業，在漫長的職業生涯裡，每位大叔都經歷過冷酷無情的生存遊戲，在各自的領域裡無不各領風騷。如今，退休大叔們有緣相聚，就好比水滸傳裡各路英雄好漢聚集在「聚義堂」。在堂上，英雄們彼此以兄弟相稱，大碗喝酒、大口吃肉。然而，在一團和氣之下，誰服氣誰？誰又怕誰呢？

開始之初，每週一次陽明山的健行聚會，在山林裡行進時都會聊些時勢、家庭、健康、當兵的往事。傍晚，泡完溫泉，在肉體、精神全然放鬆之下，餐桌上的幾杯小酒，就像撩撥心弦的手指，發現原來年紀相仿的我們有著相同的成長背景、類似的生活過往，於是振動的心弦產生了共鳴，心窩也就湧起一股暖流，覺得認識這些朋友眞好，友誼就這樣逐漸地滋長起來。

每位大叔都有些個性，各有各的脾氣，擁有強度不一的自尊心，磨擦難免。時間相處久了，逐漸也會發生言語上的輕慢、或者視彼此的善意爲理所當然，這也是爲什麼不時有人進來、也有人離開。就像新婚不久的夫妻，在戀愛的感覺逐漸褪色之後，開始看不慣對方擠牙膏的方式等這類瑣碎小事。

友情，總帶著些淡淡的苦味。畢竟每個人來自不同的原生家庭，習性、嗜好與價值觀自然不同。當友情漸漸加深，代表著逐漸探入對方隱晦不明的世界，有時難免會踩到對方禁忌的紅線而產生誤會與衝突。這就是友情苦澀的一面，似乎是無可避免的情形。這些曾經叱吒風雲、獨當一面的大叔們主觀意識都十分強烈，尤其，隨著年歲增長，退休後各種失落感接踵而至，會常用硬脾氣來武裝自己，彼此的相處有時就變得敏感脆弱。

有一年，團體裡幾對夫妻興致勃勃地組團到日本京都賞櫻，卻因爲抱持的期望有落差而起了風波。帶隊者喜歡京都的古色古香，想訪遍所有的名寺古剎，有一對夫妻卻偏好美食，認爲到了日本就該嘗遍當地的料理。勉強同行了兩天，終究還是分道揚鑣。「協奏曲」意外變調成了「變奏曲」。那對愛美食的夫妻回台之後，編了首小詩抒發心中的不以爲然，戲謔地對著帶隊者唱：「大廟、小廟莫名其妙；大寺、小寺關我屁事！」這首打油詩詼諧逗趣，在這小圈子裡傳頌多年，常被人拿來打趣那位無辜的帶隊者。說他無辜，實因事前他一點都不明白，這一點點的差異竟引起那樣的後果。

自助旅行，似乎特別容易喚起或強化每個人在生活品味、嗜好與價值觀的「潛意識」，有時甚至會引發偏執的堅持，旅行的同伴若不能彼此相容，麻煩就大了。

這次的單車旅行狀況更爲曲折複雜。除了一般旅行該有的預算、機票、行程安排之外，攜帶單車出國是我們從沒有過的經驗，有太多問題需要面對。出發前，就曾爲了該自己籌劃或委交單車旅行公司來辦理而爭論不休。除了這個議題之外，諸多爭議數度掀起內部的緊張。每項議題都有正反兩方，往往雙方各持一詞。由於最初鼓吹走西班牙朝聖之路的人是我，提議以騎腳踏車取代傳統徒步的人也是我，在經過多次的爭論之後，衆人可能尊重我這「發起人」而同意採用難度較高的自行籌劃。這個議題在我的堅持之下通過了，卻讓我陷入「堅持」與「固執」到底差別在哪裡的困惑。

我的「堅持不懈」在持不同意見的對方眼裡，卻是個「冥頑不靈」的表現。「堅持」常被視爲是正向的，值得鼓勵的特質，而「固執」則被認爲是負面的，應該避免的缺點。但這兩者的界線在哪裡？曖昧不明，難以區分，令我苦惱很久。雖然嘴上不承認，在心理上就很難給自己一個強有力的支撐，差點放棄自己這次旅行的初衷。

朋友很重要，無庸置疑。但「朋友」的定義也最難下。交情多深才能算朋友？在現代，交朋友看似容易，在社群軟體裡兩分鐘內就可找到一百個朋友；研討會、宴會、雞尾酒會人來人往，酒酣耳熱，就可稱兄道弟。然而，此款所交到的朋友友誼品質有多高？在人生路途上，有多少人可以分擔你的挫折與徬徨？

行前，經過幾次爭執拉扯，不免興起氣憤、懊惱的情緒。然而，在夜深人靜、心情平復之後，較能以平衡的思緒回顧這些爭吵。幸好，經過私下坦誠的對話，我和伙伴之間有了共識，同時我亦明白該適時示弱放軟，看淡了就簡單、看透了就輕鬆，在需要的時候能夠相互尊重、截長補短，相互完整。

五個人一起旅行，朝夕相處，雖然一起揮汗、一起同桌吃飯，但更多的時候是獨自一輛車踽踽於途，這樣反而擁有更多觀看、沉思與學習的機會。一方面珍惜這群因「一本書而結緣」的伙伴，另一方面，在退休多年之

離開萊昂之前，五個人在聖馬可斯廣場前拍了張合照，正式告別萊昂市。

後，更懂得「老伴、老友、老本和老狗」對退休大叔的重要性。朋友的定義必須更狹隘一點，尤其必須經過「逆境」的試煉，才可能獲得「見眞情」的境界。東西壞了要修理而不是丟棄，友誼，又何嘗不是？

這本書歷經了近三、四年，不只一次提起筆又放下，苦惱於思緒屢屢轉折、無法一氣呵成。一開始，原本只想寫本旅遊書，後來逐漸發現它其實包藏著自己對這幾位伙伴友誼的回憶、追悔和反省。網路上有一句來自非洲的諺語：「If you want to go fast, go alone, if you want to go far, go together.」（一個人，走得比較快；一起走，走得比較遠。）退休大叔們或許什麼都缺，但就是時間不缺，無心求快，反倒是想在人生的道路上和老伴、老友、老狗攜手一起走得更長、更遠。

人常說：結伴而行的自助旅行常是友情的墳墓，但經歷過這些考驗的幾位大叔，我們只會彼此認識更深、友誼更加牢固。這本遊記不就是一個最美好的見證？

附錄一 行前必須知道的一些事

必也正名乎

「El Camino de Santiago」可翻譯成「聖雅各之路」或「聖地牙哥之路」，爲什麼會有翻譯上的差異？我認爲這是國人在翻譯上約定俗成的習慣所造成的現象。在《聖經》中稱封聖之後的雅各爲聖雅各（在西班牙語地區稱之爲Santiago，而英語世界裡稱Saint James，法語則爲Saint Jacques），但Santiago涉及到城市或地理名詞時，國人又習慣翻譯成聖地牙哥。當今世界上以「聖地牙哥」爲名的城市最著名的有三個：一爲位於美國加州南部的San Diego，另一爲南美智利的首都Santiago de Chile，以及西班牙的Santiago de Compostela。在這本書裡，涉及城市、地名，我傾向採用比較順乎西班牙語發音的「聖地牙哥」，除順口之外也合乎地名的翻譯習慣，但提到使徒雅各本人時，我還是從善如流地稱之爲「聖雅各」。

聖雅各，其人其事

聖雅各，在成聖之前原是耶穌的十二使徒之一，他的生平事蹟史料記載得不多，可以確信的是他曾經去到伊比利半島宣教，但似乎並不很成功，就在他回到耶路撒冷之後不久（西元四二年），就被當時以色列地區的統治者希律王（King Herod Agrippa I）斬首而殉教。據說，他死了之後，屍體被他的弟子偷偷運到海邊，載於小船之中，橫越了地中海，駛出直布羅陀海峽，北行，途經葡萄牙海岸，最後在伊比利半島西北端的帕德龍登陸上岸，埋骨在今日聖地牙哥德孔波斯特拉附近。從那之後的七百五十年，就再也沒有雅各的任何訊息。

當他早被世人遺忘之際，突然，在西元八一三年，在伊比利半島西北部的加利西亞，有位名叫貝拉歐（Pelayo）的隱士，他和該地的許多人一樣，為空中充滿不可思議的光線和甜美聖歌的神祕現象而感到不安。某夜，在曠野中他被一道奇異的光芒所吸引，他跟隨這道光芒，來到一片天空布滿星辰的大草原，透過那道光芒的指引他發現了一個隱密的墓穴。旋即告知當地的主教，而主教又報告給阿斯圖里亞斯國王阿方索二世（Asturian King Alfonso II，西元七九一至八四二年），當大家還在議論紛紛之時，阿方索二世很快地宣布該墓穴內的遺體就是耶穌使徒雅各在耶路撒冷失蹤的遺體。

在中世紀，教會對「聖髑」或聖人遺物的崇敬禮拜很盛行，因此當聖人雅各的遺體被找到的消息傳開之後，為了求見雅各一面，許多基督徒便從歐洲各地前來，這個地方就是朝聖之路的終點

「聖地牙哥」。就這樣，朝聖之路的歷史就這麼地開啓了，一直留傳至今。如今，聖地牙哥是羅馬梵蒂岡、以色列耶路撒冷之外，基督徒最重要的朝聖之地。然而，至今也只剩下聖地牙哥這個聖地，一千多年以來信徒們依然維持著以徒步的方式朝聖。

Santiago de Compostela，音譯爲「聖地牙哥德孔波斯特拉」，語意則爲「繁星原野的聖地牙哥」，其中 Compostela 是一個複合字（compo: 田野，stela: 星辰），其意爲布滿星光的原野，也就是雅各墓穴被發現的地方，城市以此爲名，是不是很有意思呢？該城市有座主教座堂（Catedral），也叫 Santiago de Compostela，是爲存放聖雅各骨骸的地方。

路途上會看到、用到的名詞

●Camino de Santiago：通往聖地牙哥的朝聖之路。不過，聖地牙哥之路實際上並非「一條」路。幾個世紀以來，西歐各地的朝聖者紛紛自他們的所在地前往聖地牙哥孔波斯特拉，使得朝聖之路更像一個逐漸匯集成河的水系地理圖，有非常多的源頭。在西班牙境內叫得出名字的有法國之路 Camino Francés、北方之路 Camino del Norte、阿拉貢之路 Camino Aragonés、銀之路 Vía de la Plata、葡萄牙之路 Camino Portugés 等等，這些都統稱爲聖地牙哥之路。這當中以法國之路最有名氣，全程長約八百公里，始自聖讓皮耶德波爾，翻越庇里牛斯山脈，進入西班牙境內，貫穿納瓦拉、拉里奧哈、布爾戈斯、帕倫西亞、萊昂、盧戈、拉科魯尼亞，一共跨越了七個行省。

●Scallop shell：扇貝，是聖地牙哥的象徵，沿途的教堂及路標皆有扇貝的圖樣，扇貝的外殼繪有「紅色的聖地牙哥十字」。附圖-2

附圖 - 2

●Peregrino：朝聖者，以終點聖地牙哥城爲目標，沿著朝聖路步行或騎單車的人。

●Albergue / Refugio：朝聖者庇護所，專門收容朝聖者的旅館，提供熱水洗澡，有廚房可煮熱食，上下鋪床位，依人頭收費。公立庇護所（Albergue Municipal）約三至六歐元，私立庇護所（Albergue Privado）約十歐元。住退房時間按各家規定，基本上最晚應於晚上八點前抵達，早上八點前所有

附圖 - 4

附圖 - 6

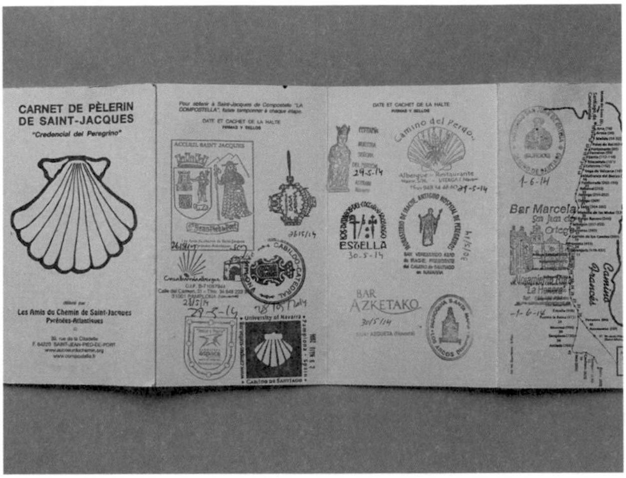

附圖 - 5

人必須離開。附圖 - 4

●Credencial del Peregrino：朝聖者護照（英文爲 Pilgrims Passport，法語 Carnet de Pélerin），朝聖者必須憑朝聖者護照入住庇護所，入住時記得要蓋個戳章（sello），若只走最後一百公里或只騎最後的二百公里，則每天要蓋兩個章。各地的庇護所、教堂，在朝聖者護照上所蓋的戳章圖樣設計皆不同。附圖 - 5

●Compostela：朝聖者證書，到了終點，若能提供 Credencial（朝聖者護照）上的戳章，證實徒步朝聖者至少走一百公里（from Sarria，一一二公里），或騎腳踏車者超過二百公里（from Ponferrada，二〇五公里）便可得到「朝聖者證書」——寫著拉丁文的證書，據說可以赦免一年的罪。證書分高級和低級兩種，若只是低空掠過（公里數超標不多）就會拿到印刷簡單的普通證書，而遠途的朝聖者則會領到印刷精美的證書。朝聖者的姓名

也會是以拉丁文書寫。附圖 - 6

●**Enseña**：指引朝聖路的黃色箭頭符號，朝聖路沿途及岔路都會有黃色箭頭或是扇貝標誌指引路線，朝聖者只要順著指標走，不需要地圖即可到達聖地牙哥及各地的庇護所。附圖 - 7、附圖 - 7-1

●Carretera：幹線道路，朝聖路除了走山徑之外，有時也會利用現成的幹線道路。

●聖節／聖年：聖雅各的遺骸於西元八一三年七月二十五日被發現，因此訂七月二十五日爲聖節，若聖節當天恰巧遇上星期日的年度，則訂該年爲「聖年」，上一個聖年是在西元二〇一〇年，而下一個將落在西元二〇二一年。在十一世紀的某位教宗，曾昭告天下：凡在聖年完成朝聖的人可以獲得大赦，無條件地將俗世所有的罪過一筆勾銷。

附圖 - 7-1

附圖 - 7

事前的準備

這趟旅行並非只是單純的出國自助旅行，其所牽扯的範圍廣泛，有屬一般性的、也有技術性的或體能訓練，需要執行的事項眾多，有賴同行伙伴的參與及分攤。

什麼時候最適合去？

這是最常被問到的問題之一，我也曾斟酌再三，其實這個問題可以細分爲兩個層面：天候因素及心理層面。

你若是位虔誠的教徒，宗教牽引的力量凌駕一切，那我建議你把到達聖地牙哥德孔波斯特拉的時間，訂定在七月二十五日之前。因爲聖地雅各是西班牙的守護聖人，而七月二十五日正是聖地雅各紀念日、也是西班牙的國慶日，當天在聖地牙哥德孔波斯特拉的主教座堂，有盛大的紀念活動及宗教儀式。

至於天氣因素的考量，我有以下發現：西班牙北部其緯度與中國大陸東北的瀋陽幾乎等高，因此，冬季的十二月及一月非常寒冷，常會因爲風雪過大而導致山上的道路封閉。尤其地球暖化造成極端異常的天候不斷出現，不太適合久居亞熱帶氣候的台灣人。十月、二月及三月稍微回暖，但潮溼多雨，雨具必須隨侍在側，清晨氣溫很低，幸運的話，太陽露臉，化開冷凝的空氣，可能就會有個溫暖的一天。五月、六月及九月，相較於其它月份是最適合的時段，天氣溫和，雖然有點熱，比起酷熱難耐的七月、八月又好太多了。

另外，除了天候問題之外，我也刻意避開七月與八月，因爲七月有聖地雅各紀念日，而八月一整個月西班牙人都在放年假。這段期間是旅遊旺季，有洶湧的朝聖人潮、訂房困難及費用高漲的問題，而且，越接近聖地雅各，來自各條朝聖路的朝聖者會彙集得越多，恐有一床難求的窘境。最後，我挑選了五月下旬到六月中旬。

至於什麼是最好的時機？相信每個人都有各自的詮釋，有些受到時間約束的人，沒有選擇的餘地，什麼時候能抽身，就是最佳時機。即使在酷寒的冬天或酷熱的七、八月，在網路上都可找到因應之道，許多熱心的網友將他們在惡劣天候狀況下的求生之道，分享給需要的人。所以，免驚！

如何規劃行程？

儘管法國之路實際的長度衆說紛紜，但總該在七百六十至八百公里之間。行程的規劃牽扯到想用多少時間騎完？每天計劃騎多少公里？如何選定每一夜的停駐點？其實，最根本的是要問自己，究竟懷抱什麼心態進行這趟旅行？我和伙伴們一致同意，以不刻苦自己、不求快、不以打破紀錄爲目的，要用朝聖與觀光兼顧的心情來完成這趟旅程。

在《騎向聖雅各》書中記載，兩位女主角共用了二十六天記錄其旅程，而扣除城市觀光，眞正騎車的天數爲十七天。依此，平均每天騎車的公里數約爲四十五公里左右，書中亦提到有位年約六十五歲、也是騎單車的朝聖者，他可以連續十二天，不中斷地從聖讓皮耶德波爾騎到聖地牙哥（頁二五），若眞是如此，他每天至少要騎六十五公里。

許多網站會依地形、路況的難易，爲步行者設計行程及每日停駐點，從二十九至三十一個不等。每日步行的距離從二十到三十公里之間都有，而對騎車者而言，單日騎個五十至六十公里不難，大多可以在半天之內到達目的地。於是，把兩日步行距離合併爲一日，便成了我初步的決定，接著，再把城市參觀的需要加進去，稍作微調即完成。

為什麼捨庇護所而住旅館？

爲什麼不住朝聖者庇護所？朝聖路上的公私營庇護所有一項規定，床鋪優先讓給徒步的朝聖者，而騎車的朝聖者則必須等到晚上八點之後，再看是否還有空床位。所以很有可能騎了一天車之後，到了夜裡還要四處奔走，去尋找住的地方。

庇護所大都相對簡陋（不收費用，只收捐獻），衛生、隔音、舒適度當然比不上一般旅館。有個部落客說：「……眞折磨人呀！雖然我只與七位陌生人同睡一間，卻聽得到其他寢間五十個人的聲音，並對他們的一舉一動瞭若指掌，還嗅得到大家的氣味……」

另外，徒步者爲了避開午後的烈陽，都在天沒亮就出發了，庇護所配合這般的作息，通常在下午二點左右開門，上午七點前就趕人打烊了，想多睡一會都不行。所以老騎士們爲取得充分休息，決定選擇住一般的旅館或民宿，而且出發前就先預訂好。

附錄三

裝備篇

這次旅程所有家當全都掛在單車上，因此攜帶的行李與裝備力求「輕」與「簡」，而且阿聯酋航空 Emirates 免費託運的總重量限制在三十公斤，所以我們要求所有行李再加上鞍袋的重量，必須控制在十公斤左右。至於如何做到「輕與簡」？我舉個例子：一塊（水晶）肥皂，除了洗衣之外，我還拿來洗臉、洗澡、洗頭、還當刮鬍膏來用，將肥皂的用途發揮到極致。非常時期，一切從簡。

單車及配件

登山車：美利達，Matts TFS M6，十六吋，變速 30，輪胎 26 x 1.75
上管鞍袋：一個。可放隨時取用的物品，如手機、銅板零錢、螺絲起子組等
前置物袋：一個。Lotus，100% 防水，放置單眼相機及重要文件，如護照及錢包
水壺：一個，七五〇 c.c.
水袋：二公升裝
貨架：一組

鞍袋：一組
車燈具：前燈一個、後警示燈一個
車鎖：一個
安全帽：一頂

維修工具

這次騎車的天數不長，而且事前就清楚所規劃路線的路況不太差，所以每人只準備一些基本的維修工具，況且，沿途的幾個大城鎮都可以找得到腳踏車修理店。未必人人都懂得單車修護，但基本的常識要有，團體中最好有一人專精，以便在緊急或找不到修理店的狀況下能處理。

輕便打氣筒：一支，由同行者一人攜帶即可
內六角螺絲起子組：一組
備用內胎：每人自備一條。兩輪同時爆胎的機會不大，且相同尺寸輪胎之間可以相互支援
牙刷：一支，清潔鏈條
不織布紙巾：一包九入，擦拭鏈條
潤滑油：一小瓶
補胎換胎組：挖胎棒、補胎工具組

衣著服裝的要點

要帶什麼衣服，其實得先看季節及當地的地形與天氣特質。這條法國之路，從法、西兩國邊界的聖讓皮耶德波爾開始，就一直在崎嶇的山區內上下起伏，首先要翻過庇里牛斯山脈，接著進入平均海拔爲六一〇至七六〇公尺的梅塞塔高原，再來鑽入與大西洋海岸平行的坎塔布里卡山脈（Cordillera Cantábrica）之中，直到濱臨大西洋的加利西亞地區爲止。緯度高，地形多變化，高山、高原、河谷等不斷交錯是其特色。

在夏季，白天氣溫容易飆高到三十五℃，到了冬季，山區裡很可能因爲積雪過深而受阻。在中央高地，沿途沒什麼遮蔭，防曬特別重要。西班牙的西北部，尤其濱臨大西洋的加利西亞受大西洋的影響甚巨，多風、多雨，氣候多變難以預料。

我們已挑選春末夏初之際的五月到六月，是氣候最佳的時段之一。即使如此，一天之中的早中晚溫差依舊很大，仍需留意。入夜之後與清晨氣溫最低，差不多在十℃上下，這在台灣已算是寒流級的冷了，但在西班牙體感溫度則沒這麼強烈。

一般而言，清晨出門時，我會在普通的長袖車衣之外，再套上一件「類Gore-Tex」的風衣夾克，如此就綽綽有餘，往往不到中午，就得把夾克脫去。除非是刮風或下雨，氣溫更低時，我才會加穿一件貼身的薄長袖緊身衣。晴天時，西班牙的午後陽光十分強烈，可說是炙熱，防曬、防中暑非常重要。所以，不論在什麼季節去，穿著應採取登山時的「洋蔥式」穿法。

我攜帶的衣服可分成兩類：運動服與休閒服。運動服是指騎車時的服裝，大都是化學纖維，好洗、快乾。休閒服則指非騎車時之衣著，例如，入住旅館盥洗後，我喜歡換上舒適的棉質內衣褲及休閒服。

每種單項衣物的數量可以限縮在兩件之內，主要是因為是我去的那段時間，天氣乾燥且日照較長，每天沐浴之後若立即洗淨，用旅館的大浴巾裹一裹、擰乾，不論晾在室內或戶外，保證隔日必定會乾，而棉質的衣物就未必，但可利用連續兩天同住一地的機會清洗。另外，若你懶一點，也未必需要天天洗衣，這全拜西班牙的氣候乾爽、空氣乾淨之賜，騎一天下來，衣領不見污垢、鼻孔內無塵垢、身體會流汗但皮膚不會溼。

●運動服

長袖車衣：二件

長車褲：二件

薄的長袖緊身衣：一件（Atlas）

擋風薄夾克：一件

類 Gore-Tex 防風防雨夾克：一件。功能和 Gore-Tex 差不多，但價格便宜，可折疊成很小的體積

魔術頭巾：二條，能抗 UV 最好，一條當頭巾，一條圍頸罩口鼻

單車襪：二雙
單車小帽：一頂
長指手套：一副，主要為防雨、防寒
短指手套：一副
騎車用鞋：一雙
太陽眼鏡：一副
魔鬼氈：二條。有時穿休閒褲騎車，例如，騎車去餐廳

●休閒服
休閒長褲：一件，來回登機，逛街、進餐廳時使用
Polo衫：一件，來回登機，逛街、進餐廳時使用
短袖T-shirt：一件，逛街、進餐廳時使用
休閒短褲：一件，逛街、進餐廳時使用
內衣：二件
內褲：二件
運動涼鞋：一雙（Keen），也可騎車用
備用近視眼鏡：一副

●個人用品

盥洗包：一組

個人藥品：視個人需求。例如，止痛藥、感冒藥、腸胃藥、抗生素、高血壓藥等

外傷急救藥品：優碘、皮膚藥膏、各種尺寸的3M防水透氣綳帶

防曬乳液：一條使用頻率高，需要量大

面霜或綿羊油：一罐。天氣乾燥、早晚使用

護唇膏：一條。天氣乾燥需經常補擦

＊女生可視個人需求，準備美白、保養乳液

●電器及相機

歐陸插頭轉接器：二個

手機＋充電器＋行動電源：一組

延長線：一條

單眼相機＋鏡頭＋充電器＋備用電池：一組

硬碟＋充電器：一組

相機清潔包：一組

●其它雜項

筆記本＋筆：一組

彈性索（Bungee Cords）：一條。若鞍袋空間不夠，可用彈性索將物品綁在鞍袋之上

塑膠袋：不同尺寸若干個

曬衣夾：八個

曬衣繩：一條

護照：另準備護照影本，與二張照片

錢包：歐元、信用卡

其他：指甲剪、牙籤、針線包

附錄四 朝聖指南及地圖

出發前的資料收集，除了一般文學性的遊記及部落客的日記之外，實用性的指南及地圖更是重要，在這方面，中文書的資料非常貧瘠。即使美國的 Amazon 網路書店，也是與徒步朝聖有關的書籍較多，單車相關書籍就稀少許多。以下是我們手中擁有的四本朝聖指南與地圖，皆購自美國 Amazon 網路書店：

❶ A Pilgrim's Guide to the Camino de Santiago: St. Jean - Roncesvalles - Santiago，by John Brierley。（步行路線、朝聖指南）附圖 - 8 右

❷ Camino de Santiago Maps - Mapas - Mappe - Mapy - Karten - Cartes: St. Jean Pied de Port Santiago de Compostela，by John Brierley。（步行路線、朝聖地圖）附圖 - 8 左

❸ The Way Of St James: Pyrenees- Santiago, Fisinsterre : A Cyclist's Guide，by John Higginson。（單車路線、朝聖指南兼地圖）附圖 - 9 右

❹ Michelin Guide to Camino de Santiago Map，by Collectif。

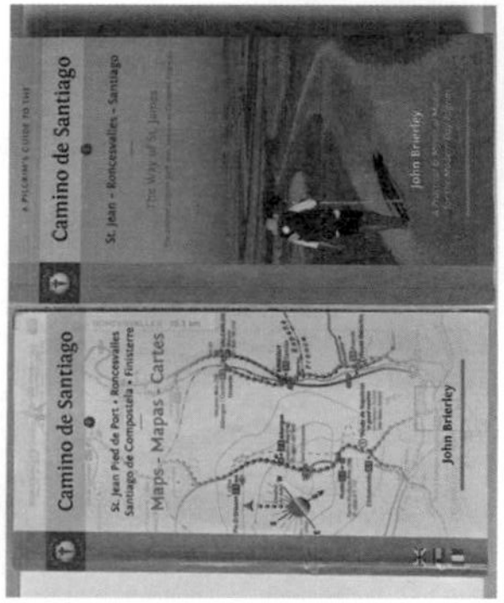

附圖 -8

附圖 -9

附圖 -10

（步行路線、朝聖地圖）附圖 - 10右

朝聖地圖，除了提供行進路線、高度、距離、城鎮、水源之外，也標示沿途可供住宿的庇護所。John Brierley 的地圖和米其林地圖皆製作精準、符合比例尺原則，印刷精美，內容大同小異，但地圖的呈現方式不同：前者爲直式，後者爲橫式。

這項差異對徒步者可能無所謂，但對騎車者就大有不同。一般單車的「車前袋」上方可放置地圖的透明 PVC 袋，是右左寬、上下窄，橫式的地圖擱在袋中，行進間查看就比較方便。

朝聖指南，除了擁有朝聖地圖的資料之外，還提供不少沿途景點、古蹟的簡介及照片，好比一本微型的 Lonely Planet。

至於 John Higginson 的單車朝聖指南，書中所附的地圖只是示意圖，比起 John Brierley 和米其林的地圖簡略很多。他所規劃的單車路線基本上是沿著公路而行，盡量貼近傳統的徒步者路線，不會遺漏主要的朝聖古蹟及庇護所。偶有例外，眞有不利單車行走的路段就會避開。

2AF674
騎過風與星辰之路——踩向世界盡頭，朝聖路上的 800 公里人生旅記

作者——安新民
責任編輯——何冠龍、曾曉玲
封面設計——任宥騰
內頁設計——Copy
行銷企劃——辛政遠、楊惠潔
總編輯——姚蜀芸
副社長——黃錫鉉
總經理——吳濱伶
發行人——何飛鵬
出版——創意市集
發行——城邦文化事業股份有限公司
歡迎光臨城邦讀書花園網址：www.cite.com.tw
香港發行所——城邦（香港）出版集團有限公司
香港灣仔駱克道 193 號東超商業中心 1 樓
電話：(852) 25086231 傳眞：(852) 25789337
E-mail：hkcite@biznetvigator.com
馬新發行所行——城邦 (馬新) 出版集團
Cite (M) Sdn Bhd
41, Jalan Radin Anum, Bandar Baru Sri Petaling,
57000 Kuala Lumpur, Malaysia.
電話：(603) 90578822 傳眞：(603) 90576622
E-mail：cite@cite.com.my
印刷——凱林彩印股份有限公司
初版一刷 2019 年（民 108）9 月
ISBN 978-957-9199-61-2
定價 400 元

客戶服務中心
地址：10483 台北市中山區民生東路二段 141 號 B1
服務電話：（02）2500-7718、（02）2500-7719
服務時間：週一至週五 9：30 ～ 18：00
24 小時傳眞專線：（02）2500-1990 ～ 3
E-mail：service@readingclub.com.tw

若書籍外觀有破損、缺頁、裝訂錯誤等不完整現象，想要換書、退書，
或您有大量購書的需求服務，都請與客服中心聯繫。

國家圖書館出版品預行編目 (CIP) 資料

騎過風與星辰之路：踩向世界盡頭，朝聖路上的 800 公里人生旅記 / 安新民著 . .
-- 初版 . -- 臺北市 : 創意市集出版 : 家庭傳媒城邦分公司發行 ,
民 108.09　面 ;　公分　ISBN 978-957-9199-61-2(平裝)
1. 腳踏車旅行　2. 歐洲　740.9　108010667